सीता के पाँच निणय

सीता के पाँच निर्णय

रामायण की एक अनूठी प्रस्तुति

देवदत्त पट्टनायक

लेखक द्वारा चित्रांकन

राजपाल

अनुवाद

प्रभात रंजन

ISBN : 9789350643884

प्रथम संस्करण : 2017 © देवदत्त पट्टनायक

हिन्दी अनुवाद © राजपाल एण्ड सन्ज़

SITA KE PAANCH NIRNAY (Mythology) by Devdutt Pattanaik

(Hindi translation of *The Girl Who Chose*)

राजपाल एण्ड सन्ज़

1590, मदरसा रोड, कश्मीरी गेट, दिल्ली-110006

फोन : 011-23869812, 23865483, फैक्स : 011-23867791

website : www.rajpalpublishing.com

e-mail : sales@rajpalpublishing.com

www.facebook.com/rajpalandsons

उनके लिए
जो स्वयं अपना निर्णय लेते हैं

अनन्त मिथकों के भीतर अनन्त सत्य होता है

कौन है जो सब जानता है ?

वरुण की हज़ार आँखें हैं

इन्द्र की सौ

आपकी और मेरी, केवल दो।

क्रम

अनुवादक की ओर से

अंग्रेज़ी से हिन्दी में अनूदित इस पुस्तक को पढ़ते समय पाठकों से निवेदन है कि निम्न बातों का ध्यान रखें—

इस पुस्तक की विषयवस्तु प्राचीन भारतीय पौराणिक गाथाओं के एक सुपरिचित विषय से सम्बन्धित है, इसकी प्रस्तुति, कहीं-कहीं इसकी व्याख्या आधुनिक एवं समकालीन सन्दर्भों में की गयी है।

लेखक की व्याख्या विषय की परम्परागत समझ को न तो किसी तरह से कम करती है और न ही उससे दूर ले जाती है। इस विषय के प्रति लोगों में आदर या श्रद्धा की भावना है, लेखक की व्याख्या उसे भी अभ्यारोपण से कम नहीं करती है और न किसी भी तरीके से विषय के सम्मान और महत्त्व को दूसरों की समझ से कमतर आँकती है।

यह पुस्तक मूलत: अंग्रेज़ी में लिखी गयी थी और हिन्दी में अनूदित करने की अपनी चुनौतियाँ थीं क्योंकि मूल अंग्रेज़ी में प्रयुक्त कुछ शब्दों के सटीक और समकक्ष हिन्दी शब्द नहीं हैं। ऐसी स्थिति में एक शब्द की व्याख्या एक वाक्यांश या संक्षिप्त वर्णन से की गयी है। यह पुस्तक उन पाठकों के लिए उपयोगी है जो विषय से बहुत परिचित नहीं हैं। लेकिन जो पाठक इस पुस्तक की विषयवस्तु से सुपरिचित हैं उनके लिए इस तरह का वर्णन अनावश्यक हो सकता है। पाठकों से निवेदन है कि पढ़ते समय इस बात को ध्यान में रखें।

यह किसकी कथा है—
रावण, राम या सीता?

एक समय की बात है, रावण नाम का एक आदमी था, जिसको पुलत्स्य के नाम से भी जाना जाता था—क्योंकि वह अपनी माँ की तरफ़ के रिश्ते में ऋषि पुलत्स्य का वंशज था। वह लंका का राजा था और राक्षसों पर शासन करता था। वह चालाकी से सीता नाम की राजकुमारी को जंगल में उसके घर से बाहर खींच लाया और उसको अपने महल में बन्दी बना दिया। उसकी हत्या सीता के पति राम द्वारा की गयी, जो सूर्यवंश के राजकुमार थे। इस कथा को 'पुलत्स्य वधम्' या पुलत्स्य के वंशज की हत्या कहा जाता है।

रावण के वध की कहानी *रामायण* नाम की एक बड़ी कथा का हिस्सा है, जिसमें राम के जन्म से लेकर उनके मरण तक की कहानी कही गयी है। हालाँकि, रावण

की क्रूरता और राम की वीरता के हो-हल्ले के बीच जिस बात को अक्सर नज़रअन्दाज़ कर दिया जाता है, वह है सीता की कहानी। सीता जिसने अपने निर्णय स्वयं लिये।

2000 साल से भी पहले लिखी *रामायण* में लेखक वाल्मीकि ने

हमें यह बताया है कि किस तरह सीता राम और रावण से अलग है। रावण दूसरे लोगों की पसन्द की परवाह नहीं करता, जबकि राम अपनी पसन्द कभी ज़ाहिर नहीं करते क्योंकि राजपरिवार के सबसे बड़े पुत्र होने के कारण उनसे हमेशा यह आशा की जाती है कि वे नियमों का पालन करें। लेकिन सीता—वह पाँच चुनाव करती है। और अगर सीता ने ये चुनाव नहीं किये होते तो राम की कहानी सच में बहुत अलग हुई होती। इसीलिए कई बार वाल्मीकि *रामायण* को 'सीता चरितम्' भी कहते हैं, अर्थात् सीता की कहानी।

→ 2000 साल पहले वाल्मीकि ने संस्कृत में *रामायण* लिखी।

→ 1800 साल पहले जैन मतावलम्बियों ने प्राकृत भाषा में *रामायण* का अपना संस्करण लिखा।

→ 1600 साल पहले *रामायण* अनेक संस्कृत नाटकों का हिस्सा बन गयी।

→ 1400 साल पहले *रामायण* दक्षिण एशिया पहुँच गयी, जो कथा सुनाने वाले नाविकों और व्यापारियों के कारण सम्भव हुआ।

→ 1000 साल पहले कम्बन ने तमिल में *रामायण* लिखी।

→ 400 साल पूर्व तेलुगू, ओड़िया, बंगाली, असमिया, मलयालम, कन्नड़, मराठी और हिन्दी आदि भाषाओं में *रामायण* की कथा कही गयी।

→ 150 साल पहले वाल्मीकि *रामायण* का पहली बार अंग्रेज़ी भाषा में अनुवाद किया गया।

निश्चित रूप से *रामायण* का एक लम्बा इतिहास रहा है!

अध्याय 1

सीता का पहला निर्णय

शिव कैलाश पर्वत पर रहते हैं और उनकी जटाओं से गंगा प्रवाहित होती है, उनके पास पिनाक नामक एक धनुष था। वह बहुत शानदार धनुष था जिसकी मदद से शिव ने एक बाण चलाकर असुरों के तीन उड़ते हुए नगरों को नीचे उतारा था।

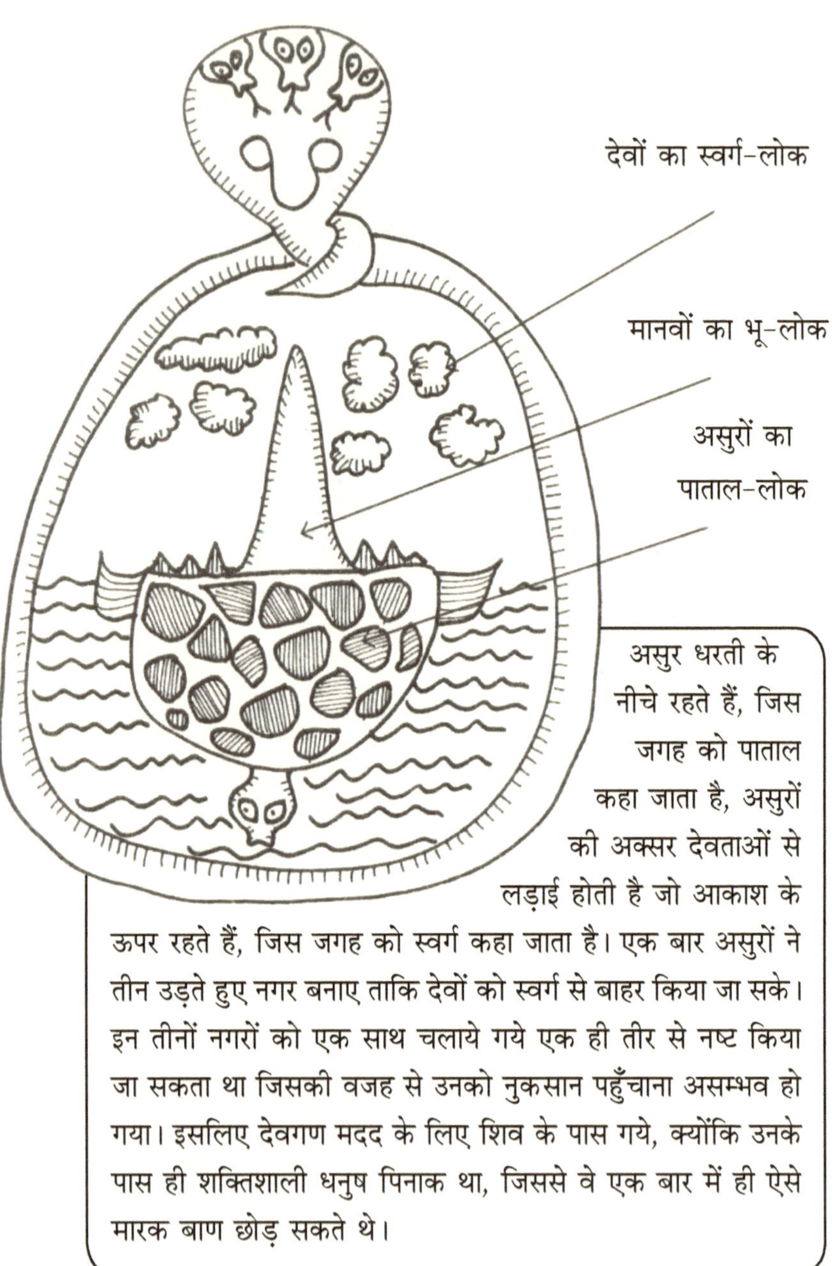

असुर धरती के नीचे रहते हैं, जिस जगह को पाताल कहा जाता है, असुरों की अक्सर देवताओं से लड़ाई होती है जो आकाश के ऊपर रहते हैं, जिस जगह को स्वर्ग कहा जाता है। एक बार असुरों ने तीन उड़ते हुए नगर बनाए ताकि देवों को स्वर्ग से बाहर किया जा सके। इन तीनों नगरों को एक साथ चलाये गये एक ही तीर से नष्ट किया जा सकता था जिसकी वजह से उनको नुकसान पहुँचाना असम्भव हो गया। इसलिए देवगण मदद के लिए शिव के पास गये, क्योंकि उनके पास ही शक्तिशाली धनुष पिनाक था, जिससे वे एक बार में ही ऐसे मारक बाण छोड़ सकते थे।

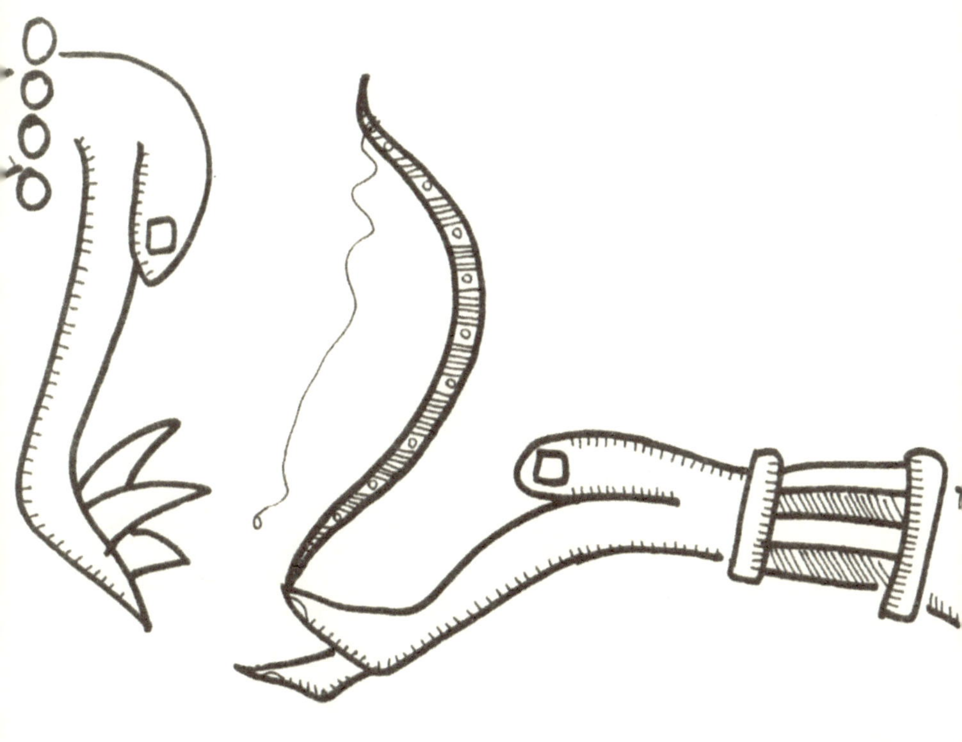

शिव ने वह धनुष जनक को दे दिया था, जो मिथिला के राजा थे। लेकिन धनुष इतना भारी था कि कोई मनुष्य उसको नहीं उठा सकता था।

''चिंता मत कीजिए,'' शिव ने कहा। ''आपकी पुत्री इस धनुष को उठा लेगी और आपका दामाद इसकी प्रत्यंचा चढ़ाएगा, क्योंकि वे विष्णु और लक्ष्मी के अवतार होंगे। विष्णु सूर्यनगरी अयोध्या में सूर्यवंश के राजा दशरथ के घर राम के रूप में जन्म ले चुके हैं। आपके घर में लक्ष्मी अभी पैदा होने वाली है।''

मैं, विष्णु वैकुण्ठ से नीचे राम के रूप में आऊँगा, सूर्यवंश के सबसे बड़े पुत्र के रूप में।
मैं, आदि शेष लक्ष्मण के रूप में आऊँगा, और सीता एवं राम की सेवा करूँगा।
मैं, लक्ष्मी धरती से जनकपुत्री सीता के रूप में प्रकट होऊँगी।
लक्ष्मी धन की देवी है और विष्णु उसके रक्षक। विष्णु अक्सर मनुष्य का रूप ले लेते हैं। वह इस रूप में जन्म लेते हैं और फिर मर जाते हैं। अमर जीवों के पार्थिव रूप को अवतार कहते हैं।

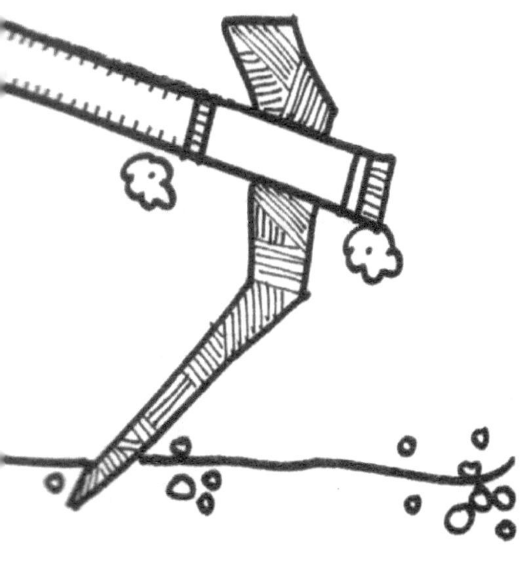

हर साल मिथिला के लोग वर्षा से पहले अपने खेतों को जोतकर उसमें बीज बोते थे और बारिश के बाद फ़सलों की कटाई करते थे। राजा को सोने के हल के साथ सबसे पहले खेत की जुताई के लिए बुलाया जाता था। उस साल जब जनक खेत जोत रहे थे तो उनका हल किसी चीज़ से टकराया। क्या वह चट्टान थी?

जनक ने धरती की खुदाई की और उनको एक घड़ा मिला, और इस घड़े में, एक नन्ही लड़की थी। जनक उसको देखकर बहुत खुश हुए।

''क्या यही वह बेटी है जिसके बारे में शिव ने कहा था?'' वे सोचने लगे। ''मुझे

इसका नाम सीता रख देना चाहिए। यह मेरी पृथ्वी-राजकुमारी होगी।''

जनक के जीवन में सीता के आने के बाद उनकी पत्नी ने एक बच्ची को जन्म दिया जिसका नाम उर्मिला पड़ा, और जनक के भाई की पत्नी ने दो बेटियों मांडवी और श्रुतकीर्ति को जन्म दिया। चार राजकुमारियों के रहने के कारण मिथिला एक खुशहाल जगह थी और जैसा कि शिव ने कहा था, केवल सीता ही शिव के धनुष को उठा सकती थी। कोई और नहीं।

अनेक सालों बाद विश्वामित्र नामक एक ऋषि मिथिला आये।

  सीता के पाँच निर्णय

वे अपने साथ
दो नौजवानों
को लेकर
आये थे, राम
और उनके
छोटे भाई
लक्ष्मण को।
वे दशरथ के
चार बेटों में से
दो थे। अन्य दो भाई
थे—भरत और शत्रुघ्न।
वे दोनों भाई महल में ही रुक
गये थे क्योंकि उनके पिता नहीं चाहते
थे कि उनके चारों बेटों का सामना
जंगल के खतरनाक राक्षसों से हो।

ऋषि जंगल में रहते हैं, प्रकृति, पेड़-पौधों एवं पशुओं के प्रति कृतज्ञ भाव से। उनका यह मानना है कि मनुष्य खेती करके धरती पर नियन्त्रण कर सकता है और नियमों से मस्तिष्क पर। राक्षस इस बात से असहमत होते हैं। इसी कारण ऋषियों एवं राक्षसों में संघर्ष होता है।

विश्वामित्र ने दशरथ के पुत्रों
से जंगल के राक्षसों से छुटकारा दिलाने
में उनकी मदद माँगी। दशरथ के पुत्रों को
ऋषि वशिष्ठ ने धनुष विद्या में प्रशिक्षित किया था
और इस कारण उनके बारे में यह माना जाता था कि वे
अच्छे योद्धा थे। विश्वामित्र को इस बात से खुशी हुई जब इस बात को
सच साबित करते हुए राम ने दुर्दांत राक्षसी ताड़का का वध कर दिया
और उसके दो साथियों सुबाहु एवं मारीच को भी वहाँ से भगा दिया।

विश्वामित्र राम को जंगल में एक आश्रम में लेकर गये और
वहाँ उनका ध्यान एक पत्थर की ओर दिलाया। ''यह किसी समय
अहिल्या नामक स्त्री थी। वह ऋषि गौतम की पत्नी थी। ऋषि ने एक
बार अहिल्या को देवताओं के राजा इन्द्र की बाँहों में देख लिया, इस
बात से वह इतने नाराज़ हुए कि उन्होंने अहिल्या को पत्थर बन जाने
का शाप दे दिया। उन्होंने गुस्से में आकर, जल्दबाज़ी में ऐसा किया

था और इसके कारण गौतम को अफ़सोस भी हुआ था, लेकिन अब वे अपनी प्यारी पत्नी को वापस पाने के लिए अपने शाप को वापस नहीं ले सकते थे। राम, क्या आप उनके इस शाप से अहिल्या को मुक्त कर सकते हैं? आपने ताड़का का वध किया, क्या आप अहिल्या को उसका जीवन वापस दिलवा सकते हैं?''

राम इस बात को साफ़ समझ गये थे कि सज़ा देने से बेहतर था माफ़ कर देना। इसलिए उन्होंने पत्थर को छुआ और अहिल्या के लिए यह वर माँगा कि उसको अपना जीवन वापस मिल जाये। आश्चर्य से! वह जी उठी! अहिल्या की खुशी का कोई ठिकाना नहीं था। गौतम भी खुश थे, और इन्द्र भी।

मिथिला में आने से पहले ही यह चर्चा वहाँ पहुँच चुकी थी कि कैसे उस सूर्यवंशी ने ताड़का का वध किया और अहिल्या को उसका जीवन वापस दिलवाया। जनक ने राम, उनके भाई लक्ष्मण और ऋषि विश्वामित्र को अपने नगर में आमन्त्रित किया। हो सकता है कि राम ही वह राजकुमार हों जो कि शिव के धनुष की प्रत्यंचा चढ़ा सकते हों और उनके दामाद बन सकते हों, जैसा कि शिव ने बहुत समय पहले कहा था। सभी को बहुत हैरानी हुई जब राम ने शिव के धनुष को बहुत आसानी से उठा लिया। यही नहीं, उन्होंने धनुष की प्रत्यंचा भी चढ़ा दी, जैसा कि उनसे करने के लिए कहा गया था। बस उन्होंने उसको इतना ज़्यादा झुका दिया कि धनुष टूट गया!

धनुष के टूटने की आवाज़ को सुनकर ऋषि परशुराम दौड़ते हुए मिथिला पहुँचे।

''अगर तुम शिव के धनुष को तोड़ सकते हो तो इसका मतलब है कि तुम इस धरती पर विष्णु हो? क्या तुम विष्णु हो?'' उन्होंने राम से पूछा।

राम को समझ में नहीं आ रहा था कि क्या कहा जाये। परशुराम ने राम को यह कहते हुए एक धनुष दिया, ''अगर तुम मेरे धनुष को थाम सकते हो तो इसका मतलब यह है कि तुम विष्णु हो। और जिस स्त्री से तुम विवाह करने वाले हो, जनक की पुत्री सीता से, वह लक्ष्मी है।''

और बहुत निश्चिन्त भाव से राम ने परशुराम के धनुष को उठा लिया, परशुराम मुस्कुराने लगे। ''धरती का सौभाग्य है कि राम का अवतरण हुआ है!'' उन्होंने कहा।

जनक इस बात से खुश थे कि उनकी पुत्री का विवाह राम से हुआ। सीता की बहनों का विवाह राम के भाइयों से हुआ—लक्ष्मण का विवाह उर्मिला से हुआ, भरत का मांडवी से, शत्रुघ्न का श्रुतकीर्ति से।

मैंने अपने
लिए पति नहीं चुना; मेरे पिता और
शिव के धनुष ने मेरे लिए राम को चुना। जीवन
में कई बार हमें चुनने का अवसर नहीं मिलता। लेकिन
यह हमेशा कोई बुरी चीज़ नहीं होती। आपको विश्वास
करना होता है, और बेहतर के लिए उम्मीद
करनी होती है।

 सीता के पाँच निर्णय

वे सभी अयोध्या के बड़े महल में एक साथ रहने के लिए गये, जहाँ उनका स्वागत दशरथ और उनकी तीन रानियों, कौशल्या, सुमित्रा एवं कैकेयी ने किया।

''अब चूँकि मेरे बेटों का विवाह हो चुका है, मुझे संन्यास ले

लेना चाहिए,'' दशरथ ने घोषणा की।

''मुझे राम का राज्याभिषेक कर देना चाहिए और वह अपने भाइयों के साथ अयोध्या का राज-पाट सँभाले। उनके साथ जनक की बेटियाँ हैं और वे इस सूर्यनगरी के अच्छे संरक्षक होंगे।''

लेकिन एक समस्या थी। भरत की माँ कैकेयी यह देखकर खुश नहीं थी कि दशरथ अपने सबसे बड़े पुत्र राम को अपना उत्तराधिकारी

> *महाभारत* में ऋषि मार्कंडेय युधिष्ठिर को राम की कहानी सुनाते हैं। जिसको 'रामोपाख्यान' कहा जाता है। इसमें ब्रह्मा एक आकाशीय प्राणी गन्धर्व को मंथरा के रूप में जन्म लेने और कैकेयी को दशरथ से दो वरदान माँगने के लिए उकसाने के लिए कहते हैं। यह सब एक बड़ी योजना का हिस्सा था ताकि राम जंगल में जायें और राक्षसराज रावण का वध करें।

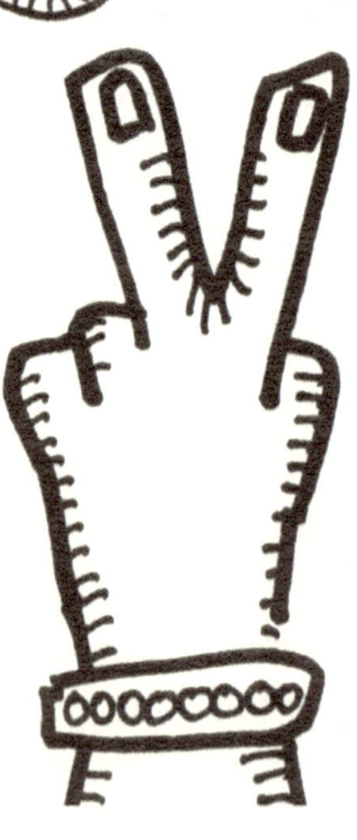

बनाने जा रहे थे। वह यह चाहती थीं कि उनका पुत्र अयोध्या का राजा बने।

उनकी दासी मंथरा ने उनसे कहा, ''अगर कौशल्या का बेटा राजा बन जाता है तो आपका बेटा उसका नौकर बन जायेगा और आप नौकर की माँ बन जायेंगी।''

कैकेयी को यह पसन्द नहीं आया।

इसलिए कैकेयी ने दशरथ को उन दो वरदानों की याद दिलायी, जो दशरथ ने उनको बहुत

समय पहले तब दिये थे जब कैकेयी ने युद्ध में उनकी जान बचाई थी।

''मैं यह चाहती हूँ कि मेरे बेटे भरत को अयोध्या का राजा बनाया जाये। और मैं यह भी चाहती हूँ कि राम को चौदह साल का वनवास दिया जाये।''

दशरथ ने प्रतिवाद किया। लेकिन वचन तो वचन थे।

सूर्यनगरी के राजाओं को सूर्यराज कहा जाता था, क्योंकि उनका यह गुण माना जाता था कि वे सदा पृथ्वी के नियमों का पालन किया

पुराणों में लक्ष्मण को आदि शेष कहा गया है, सौ फनों वाला साँप, जिसकी कुंडली पर विष्णु सोते हैं। दोनों ही अनन्त सहयात्री हैं।

करते थे। नियम यह था कि राजा यदि कोई वचन देता तो उस वचन को अवश्य ही निभाया जाता। जब राम को यह पता चला कि उनकी सौतेली माँ क्या चाहती थीं, साथ ही उनको इस बात का भी पता चला कि उनके पिता ने क्या वचन दिया था, तो उन्होंने तत्काल राज्य की सीमा को छोड़ देने का निर्णय लिया। वचन को निभाया जाना चाहिए। नियमों का पालन किया जाना चाहिए। सूर्यवंशी राजा और सूर्यवंशी राजकुमार अपने पूर्वजों की तरह चमकते रहेंगे।

राम जहाँ भी जाते थे लक्ष्मण उनके साथ ही जाते थे। ''मैं आपके साथ चलूँगा,'' उन्होंने अपने भाई की तरह ही राजसी वस्त्रों का त्याग किया और जंगल में रहने वाले निवासियों की तरह पेड़ की छाल से बने वस्त्रों को धारण करते हुए कहा।

''मैं भी जाऊँगी,'' सीता ने ज़ोर देते हुए कहा।

राम ने उत्तर दिया कि जंगल स्त्रियों के रहने के लिए उपयुक्त नहीं। ''तुमको महल में रहना चाहिए, मेरे माता-पिता और अपनी बहनों के साथ, और मेरे लौट कर आने का इन्तज़ार करना चाहिए,'' राम ने कहा। लेकिन सीता ने उनकी बात नहीं सुनी।

सीता ने कहा, ''आप नियमों से बँधे हैं, लेकिन मैं नहीं। मैं अपना निर्णय लेने के लिए स्वतन्त्र हूँ। मैं आपका अनुसरण करना चुनती हूँ।''

उर्मिला भी अपने पति और अपनी बहन के साथ जाना चाहती थी, लेकिन लक्ष्मण ने उससे रुक जाने की विनती की।

यह था सीता का पहला निर्णय

‘‘मैं सीता और राम की रक्षा में बहुत व्यस्त रहूँगा और मेरे पास तुम्हारी देखभाल करने का समय नहीं होगा। इस बात को समझो।’’

इसलिए उर्मिला ने रुककर उनके वापस लौट आने का इन्तज़ार करना चुना।

पूरी अयोध्या नगरी ने राम, लक्ष्मण और सीता को नगर को छोड़ते हुए और जंगल में जाते हुए देखा। नगरवासी जंगल के सीमान्त तक उनके पीछे-पीछे गये, लेकिन राम ने उनसे लौट जाने की विनती की। सब उस सूर्यवंशी राजकुमार के लिए रो रहे थे जो नियमों से बँधा हुआ था, और उस पृथ्वी की राजकुमारी के लिए जो अपना चयन करने के लिए स्वतन्त्र थी।

दशरथ अपने परिवार पर आयी इस विपदा को सहन नहीं कर पाये। राम ने जैसे ही जंगल में प्रवेश किया दशरथ का देहांत हो गया। अपने बेटे और अपने पति को खो देने के बाद कौशल्या का दुःख असहनीय हो गया था। कैकेयी इस बात को लेकर अनिश्चित थी—क्योंकि उसको यह बात समझ में आ गयी थी कि उसकी महत्त्वाकांक्षा की वजह से ही यह भयानक विपदा आयी थी। इस बीच, सुमित्रा ने सबको ढाढस बँधाने की कोशिश की।

और भरत? उन्होंने अपनी माँ की ख्वाहिश के बावजूद राजा बनने से मना कर दिया। जब यह सब हो रहा था तब वह अपने मामा के घर गये हुए थे। जब वे वापस आये और उनको इस आपदा के बारे में

500 वर्ष पहले रचित *रामायण* के तेलुगू संस्करण में यह कहा गया है कि जितना समय उर्मिला के पति जंगल में थे उस पूरे समय उर्मिला सोती रही। रात में वह अपने हिस्से की नींद पूरी करती थी; दिन के वक्त वह अपने पति के हिस्से की नींद पूरी करती थी। इस प्रकार, लक्ष्मण को वनवास के 14 सालों में सोने की ज़रूरत नहीं पड़ी और वह सीता और राम की सेवा और निगरानी में लगे रहे।

पता चला तो वे राम को वापस बुलाने के लिए जंगल की तरफ़ भागे।

लेकिन राम ने लौटने से मना कर दिया। ''वचन, वचन होता है। इसका पालन ज़रूर किया जाना चाहिए। मुझे जंगल जाना ही होगा और तुमको राजा बनना पड़ेगा।''

भरत को यह बात पसन्द नहीं आयी कि उनकी माँ की महत्त्वाकांक्षा की पूर्ति के लिए नियमों में हेरफेर किया जाये। नियम निश्चित रूप से इसलिए होते हैं ताकि उनसे लोगों को मदद मिले, न कि उनसे

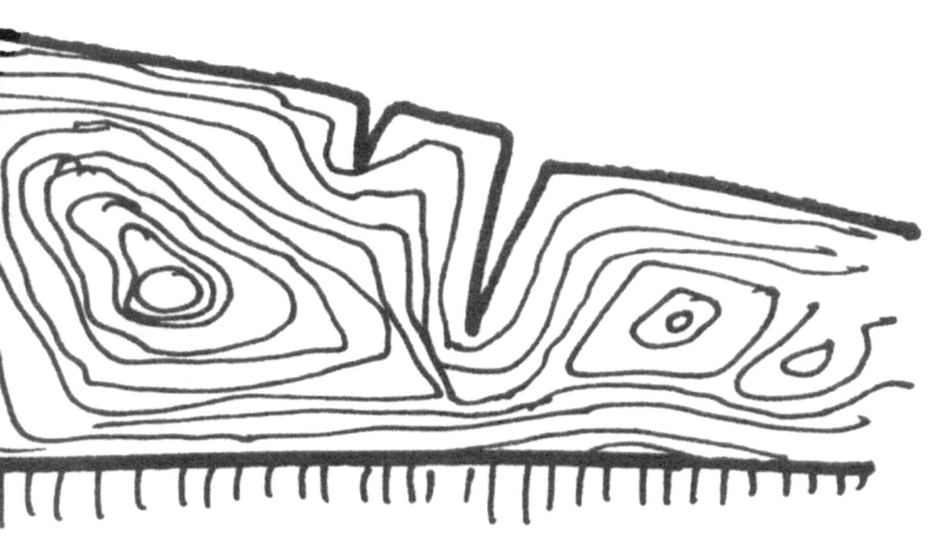

40   सीता के पाँच निर्णय

उनको नुकसान हो। इसलिए भरत ने घोषणा की, ''राजा के रूप में मैं अपनी राजगद्दी के त्याग की घोषणा करता हूँ और इसे अपने बड़े भाई राम को वापस सौंपता हूँ, जो इस राजगद्दी के अधिकारी भी हैं। मैं राजगद्दी पर आपकी खड़ाऊँ रखूँगा और आपके लौटकर आने तक मैं अयोध्या के राजपाट की ज़िम्मेदारी आपके प्रतिनिधि की तरह करता रहूँगा।''

और इस तरह, भरत, जो राजा बन सकता था, अपने भाई की राजगद्दी का संरक्षक बन गया, और अपने भाई के बाहर रहने तक उसने महल में रहने से भी मना कर दिया।

पुराणों में राम को मर्यादा पुरुषोत्तम कहा गया है, वह पुरुष जो इसलिए उत्तम है क्योंकि वह मर्यादा का पालन करता है।

    सीता के पाँच निर्णय

अध्याय 2

सीता का दूसरा निर्णय

राम और सीता जंगल में तेरह साल तक रहे। वे पहाड़ों पर चढ़ते रहे और नदियों में तैरे। उन्होंने आकाश, तारों तथा अन्य खगोलीय पिंडों जैसे ग्रहों एवं पुच्छल तारे को देखते हुए रातें बितायीं। उन्होंने पौधों, पशुओं, फलों और शाकों को देखते हुए दिन बिताये। रास्ते में उनको अनेक साधु मिले। उन्होंने विद्वानों से बातें करते हुए

पहर और दिन बिताये। इस तरह, उन्होंने अनेक आश्चर्यजनक चीज़ों की खोज की और उनके बारे में सीखा भी।

सीता, उनके पति और देवर लक्ष्मण को यह बात समझ में आयी कि किस तरह से पशु इन्सानों से अलग थे। पशु जो होते हैं वे सहज प्रवृत्तियों के आधार पर जीते हैं। जीने के लिए तथा भोजन एवं साथी को पाने के लिए जो शक्तिशाली पशु होते हैं वे अपनी

ताकत का एवं जो कमज़ोर होते हैं वे अपनी बुद्धि का इस्तेमाल करते हैं। उनकी इस तरह की प्रवृत्ति होती है कि वे केवल कम उम्र

वालों एवं अपने जैसे जीवों की ही मदद करते हैं। इन्सान, हालाँकि, किसी की भी मदद कर सकते हैं—यहाँ तक कि अजनबियों की भी।

जंगल में, न तो दया
होती है न क्रूरता, न सही होता
है न गलत—बस जो सबसे ताकतवर
होता है वही बचता है।

राम, सीता और लक्ष्मण को यह
बात समझ में आयी कि इन्सान अपने
विकल्पों एवं नियमों के माध्यम से

एक ऐसी दुनिया बनाते हैं जिसमें अधिक दया और कम क्रूरता होती है, सही अधिक और गलत कम होता है।

तीनों ने जंगल में अनेक दोस्त बनाए। जिनमें जटायु नामक बूढ़ा गिद्ध भी था जिसने यह तय किया कि वह हमेशा उनके ऊपर उड़ान भरेगा ताकि उनकी सुरक्षा कायम रहे। क्योंकि जंगल खतरनाक जगह था—खासकर विन्ध्य पर्वत के नीचे का दक्षिणी इलाका।

जंगल में निर्वासन के चौदहवें साल में शूर्पनखा नामक एक सुन्दर

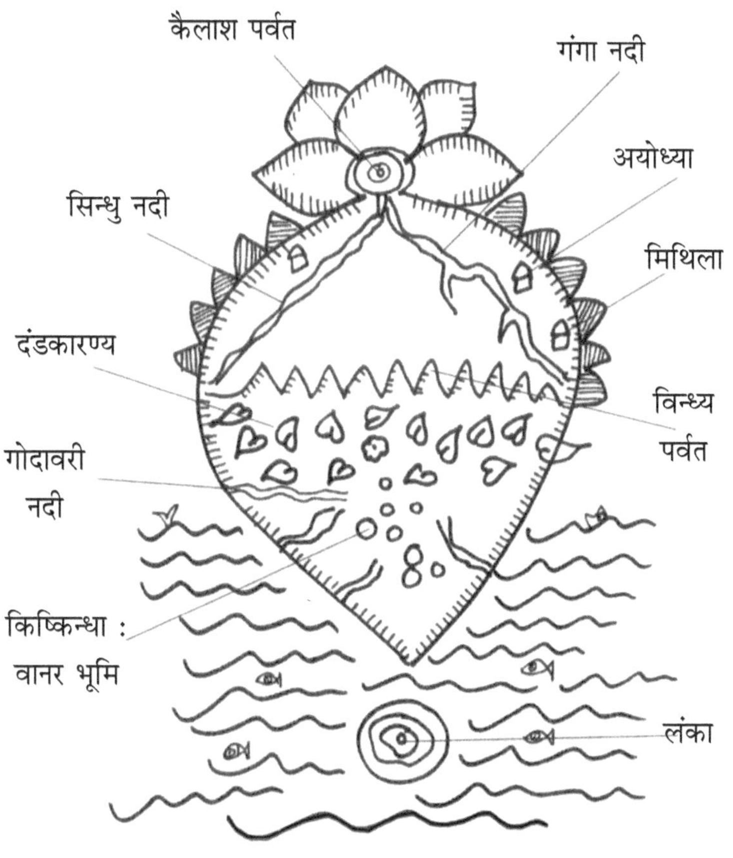

भारत का आकार हीरे जैसा है, हिमालय के पहाड़ उत्तर की सीमा निर्धारित करते हैं, जबकि समुद्र दक्षिण की सीमारेखा बनाते हैं। हीरे के आकार की भूमि को विन्ध्य पर्वत शृंखला उत्तर और दक्षिण दो भागों में बाँटती है। अयोध्या उत्तर में अवस्थित है। अपने निर्वासन के दौरान राम सीता और लक्ष्मण के साथ महाद्वीप के हर कोने में गये, कन्दराओं, पोखरों एवं नदियों की खोज करते हुए। बाद में ये स्थान तीर्थस्थल बन गये।

स्त्री गोदावरी नदी के तट पर राम के पास आयी और उसने उनसे पूछा, ''क्या आप मेरे पति बनेंगे ?''

राम ने बड़ी विनम्रता से जवाब दिया, ''मेरी एक पत्नी है।''

उसने कहा, ''एक और कर लो।''

राम ने कहा, ''मैं अपनी पत्नी के साथ बहुत खुश हूँ और मुझे एक और नहीं चाहिए। कृपया मेरे निर्णय का सम्मान करो।''

शूर्पनखा ने जो सुना वह उसको पसन्द नहीं आया।

वाल्मीकि ने *रामायण* में शूर्पनखा के बारे में लिखा है कि वह कुरूप थी और उसका अपनी इच्छाओं के ऊपर कोई नियन्त्रण नहीं था, जबकि कम्बन की तमिल *रामायण* में उसको एक सुन्दर स्त्री बताया गया है, जो विद्युतजिह्वा, जो गलती से रावण के हाथों मारा गया था, की विधवा थी।

उसको ऐसा लगा जैसे उसको ठुकरा दिया गया हो और इस कारण वह गुस्से में थी। उसने सीता के ऊपर हमला कर दिया, उसको उम्मीद थी कि उसके जाने के बाद राम एक और विवाह कर लेंगे। साफ़ तौर पर वह राक्षसी थी जिसको दूसरों की पसन्द-नापसन्द की परवाह नहीं थी, बल्कि उसको बस अपनी ही ख्वाहिश की परवाह थी। राम ने उसको रोकने की कोशिश की लेकिन शूर्पनखा वहाँ से नहीं गयी। वह यह तय कर चुकी थी कि उसको जो अच्छा लगेगा वह वही करेगी। अन्त में, लक्ष्मण ने चिढ़ते हुए अपनी तलवार निकाली और शूर्पनखा की नाक काट दी। दर्द से बिलखती हुई वह घने जंगल में भाग गयी।

जल्दी ही जंगल गुस्साए राक्षसों की आवाज़ों से भर गया—शूर्पनखा के भाई और साथी—यह तय कर चुके थे कि वे राम और लक्ष्मण की क्रूरता का बदला लेंगे। क्या लक्ष्मण ने जो किया था यह

हर निर्णय का एक नतीजा सामने आता है। हम उस बेचारी स्त्री के गुस्से से बच नहीं सकते।
हम सोचते हैं कि वह गलत है। वह सोचती है कि हम लोग गलत हैं।
मैंने एक निर्णय लिया क्योंकि मैं अपने परिवार को बचाना चाहता था।

 सीता के पाँच निर्णय

आत्मरक्षा में नहीं था ? लेकिन राक्षसों को इस बात से कोई फ़र्क नहीं पड़ता था। गुस्से में तर्क का कोई मतलब नहीं होता। राक्षसों ने दोनों भाइयों पर हमला कर दिया, दोनों भाइयों ने बहादुरी से उनके साथ लड़ाई लड़ी—बड़ी कुशलता के साथ वे तब तक बाण चलाते रहे जब तक कि राक्षस भाग नहीं गये। ''हम लौटेंगे,'' वापस जाते हुए उन्होंने गुस्से में कहा। इस बात से राम और लक्ष्मण बहुत घबरा गये और वे अपने साथ सदा हथियार लेकर चलने लगे, एक-दूसरे की और सीता की रक्षा करने के लिए।

कुछ दिन बाद सीता ने देखा कि सोने का एक हिरण उनके निवास स्थान के पास चर रहा था। सीता ने राम से कहा, ''अरे वाह, कितना सुन्दर हिरण है। मैं चाहती हूँ कि इस हिरण को पालूँ।''

राम ने कहा, ''मैं तुम्हारे लिए इस हिरण को पकड़ कर लाता हूँ।''

वह उस जानवर के पीछे-पीछे जंगल के भीतर तक गये। बहुत

क्या आपने ध्यान दिया ? राक्षस स्त्रियों के साथ हमेशा दो पुरुष होते हैं, जो उनसे और उनकी ओर से लड़ते हैं। ताड़का के साथ सुबाहु और मारीच थे। शूर्पनखा के साथ खर और दूषण थे। क्या शूर्पनखा ने सीता को राक्षस स्त्री समझ लिया था, अपनी ही तरह, क्योंकि वह भी दो पुरुषों के साथ थी, राम और लक्ष्मण के साथ ?

देर तक सीता और लक्ष्मण उनके लौटने की राह तकते रहे लेकिन कुछ भी नहीं हुआ।

अचानक उनको राम की आवाज़ सुनायी दी, ''लक्ष्मण, मेरी मदद करो! लक्ष्मण, मेरी मदद करो!''

प्राचीन ओडिशा में ताड़-पत्रों पर जो पेंटिंग है, उसमें सोने के हिरण को दो सिर वाला दिखाया गया है।

सीता घबरा गयी और उसने लक्ष्मण से उनकी मदद के लिए जाने को कहा। ''वे मुश्किल में हैं।''

पहले तो लक्ष्मण जाने में हिचकिचा रहे थे, क्योंकि राम ने उनको यह हिदायत दी थी कि वे कभी भी सीता को अकेली न छोड़ें। लेकिन सीता ने ज़ोर देते हुए उन पर आरोप लगाया कि उनको अपने भाई की पीड़ा से अधिक चिंता राजसी नियमों की है।

लक्ष्मण ने कहा, ''मैं जाता हूँ, लेकिन जाने से पहले मैं घर के बाहर एक रेखा खींच रहा हूँ। आपको उस रेखा को लाँघना नहीं है। आप उस रेखा के अन्दर ही सुरक्षित हैं; उस रेखा के बाहर आप सुरक्षित नहीं हैं।''

सीता मान गयी और लक्ष्मण चले गये।

लक्ष्मण रेखा की कहानी वाल्मीकि की *रामायण* में नहीं मिलती। बल्कि इसकी खोज कृत्तिवास ने की, जिन्होंने चार सौ साल पहले राम की कथा बाँग्ला में लिखी थी।

इस रेखा के भीतर नियमों से चलने वाला मनुष्य द्वारा रचित समाज है।
इस रेखा के बाहर जंगल है जहाँ किसी तरह का नियम नहीं है।
इस रेखा के भीतर मैं सुरक्षित हूँ या बन्दी?
इस रेखा के बाहर मैं सुरक्षित नहीं हूँ लेकिन आज़ाद हूँ?

थोड़ी ही देर में एक साधु द्वार पर आया।

उस साधु ने कहा, ''मुझे भूख लगी है। क्या आप मुझे भोजन करवा सकती हैं?''

''मैं आपको भोजन करवाऊँगी,'' सीता ने जवाब दिया। वह अपनी कुटिया के अन्दर गयी और भोजन लेकर बाहर आ गयी। उसने रेखा के बाहर हाथ निकालकर उसको खाने के लिए दे दिया, लक्ष्मण रेखा के बाहर कदम रखे बिना।

साधु को बुरा लग गया। उसने कहा, ''अपने मेहमानों के सत्कार का यह सही तरीका नहीं है। आपको उस रेखा से बाहर आकर मुझे उचित तरीके से भोजन देना होगा।''

सीता ने अनुभव किया कि वह साधु उससे बड़ी विनम्रता से जो किसी इन्सान को पशु से अलग करती है, बात कर रहा है । पशु जंगल में किसी तरह की सीमा को नहीं मानते। सीमाएँ इन्सान बनाता है।

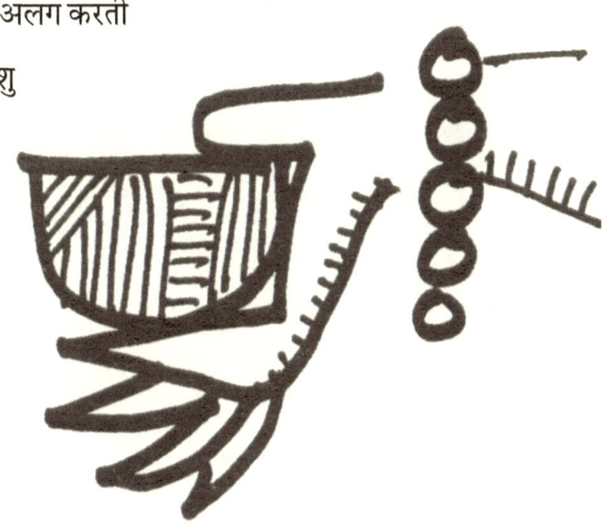

सीता ने सोचा, अगर वह अन्दर रहती है तो वह सुरक्षित है, लेकिन इससे साधु को क्या लाभ होगा? वह तो भूखा ही रह जायेगा।

और फिर सीता ने कुछ और सोचा। सीता को एक कठिन निर्णय लेना था। ऐसा निर्णय कि या तो वह साधु को भूखा रह जाने दे और खुद को सुरक्षित बनाये रखे। या वह खतरा उठाये और उस रेखा के बाहर कदम रखे और उस भूखे साधु को भोजन करवा दे। सीता यह बात समझ गयी कि उसके इस निर्णय से किसी को लाभ होगा और इसलिए उसने यह खतरा उठाने का फ़ैसला किया। जंगल में जानवर सिर्फ़ अपनी सुरक्षा के बारे में सोचता है। वह किसी दूसरे

   सीता के पाँच निर्णय

जानवर को बचाने के बारे में नहीं सोचता। इन्सानों और जानवरों में यही अन्तर था। इन्सान दूसरे इन्सानों की मदद करते हैं। इसलिए वह उस भूखे साधु को भोजन देने के लिए रेखा पार कर गयी।

यह था सीता का दूसरा निर्णय

सीता ने जैसे ही उस रेखा को पार किया वह साधु एक खतरनाक इन्सान में बदल गया और उसने सीता को ज़बरदस्ती पकड़ लिया। सीता को अपने इस चयन की कीमत चुकानी पड़ी; इसके भयानक नतीजे हुए। उसकी अच्छाई का नतीजा बुराई

में निकला। लेकिन उस पल उसने सोचा—अगर अपनी सुरक्षा की कीमत पर किसी भूखे को खिलाना पड़ता, तो क्या वह फिर से ऐसा करती? हाँ, उसने खुद से यह कहा।

जब सीता को वह आदमी खींचकर अपने पुष्पक विमान में ले जा रहा था, तो सीता मदद के लिए चिल्लायी। लेकिन उसको यह समझ में आ गया था कि राम और लक्ष्मण बहुत दूर थे और वे वहाँ आकर उसको बचा नहीं सकते थे। उसको डर लगा कि राम तो उसको खोज

ही नहीं पायेंगे, लेकिन फिर उसको
एक बात सूझी। जैसे ही पुष्पक विमान हवा
में उड़ा और दक्षिण की तरफ़ बढ़ा, वह
एक-एक करके अपने गहने नीचे फेंकने
लगी—कुंडल, चूड़ियाँ, हार, अँगूठियाँ
और पैरों के बिछुए। वे गहने
जंगल में नीचे ज़मीन पर गिर
रहे थे, जो राम के लिए इस बात
का संकेत थे कि वह सीता
को लेकर किस दिशा में गया था।

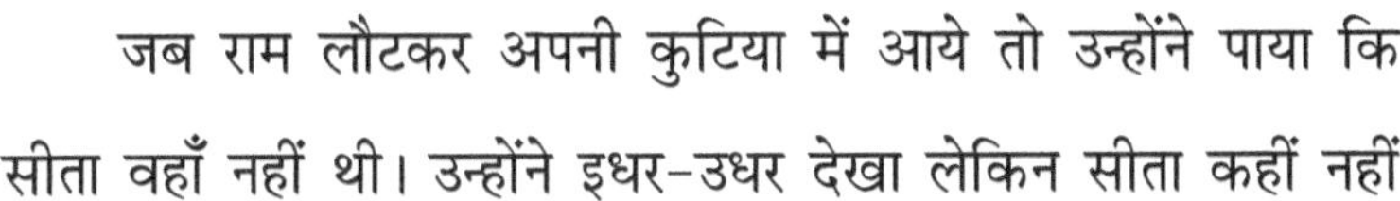

जब राम लौटकर अपनी कुटिया में आये तो उन्होंने पाया कि सीता वहाँ नहीं थी। उन्होंने इधर-उधर देखा लेकिन सीता कहीं नहीं

क्या *रामायण* की कथा ने यूरोपीय परीकथा *हंसेल एंड ग्रेटेल* को प्रेरित किया, जिसकी कथा में हंसेल और ग्रेटेल जब जंगल के लिए निकलते हैं तो पीछे ब्रेड के टुकड़े गिराते चले जाते हैं जिससे कि उनको लौटने का रास्ता पता रहे? लेकिन पक्षी ब्रेड के टुकड़ों को खा जाते हैं और भाई-बहन वापस लौटने का रास्ता नहीं खोज पाते हैं।

थी। उसको क्या हुआ? फिर उन्होंने देखा कि उनकी कुटिया से कुछ ही दूरी पर एक घायल गरुड़ पड़ा था।

वह जटायु था। उसके पंख काट डाले गये थे।

''सीता का अपहरण रावण ने किया है। वह राक्षसों का राजा है। वह उनको अपने पुष्पक विमान में लेकर गया है। वह सीता को लेकर दक्षिण की तरफ़ गया है। मैंने उसको रोकने की कोशिश की लेकिन रावण ने मेरे पंख काट डाले।''

यह कहकर वह बेचारा पक्षी अपनी अन्तिम साँस लेता है। सीता के इस दुर्भाग्य के बारे में सुनकर राम रोने लगते हैं। राक्षसराज उसके साथ क्या करेगा? राम फिर यह सोचने लगे कि अब वह उसके बिना कैसे रहेंगे। वह बहुत अधिक दर्द महसूस कर रहे थे।

अध्याय 3

सीता का तीसरा निर्णय

समुद्र के ऊपर बहुत लम्बी यात्रा के बाद सीता ने खुद को लंका द्वीप में, रावण के महल में स्थित अशोक वाटिका में पाया। पूरा शहर सोने का बना था। महल भी सोने का बना था, जिसकी रखवाली राक्षस-स्त्रियाँ कर रही थीं।

''तुम हमारे स्वामी से विवाह क्यों नहीं कर लेतीं?'' उन राक्षस स्त्रियों ने गुस्से से पूछा। ''वह सुदर्शन हैं, अमीर हैं, होशियार हैं, होनहार हैं, शक्तिशाली हैं, उनसे सभी डरते हैं और वे तुमको बहुत चाहते हैं। उन्होंने तो तुमको अपनी रानी बनाने का भी प्रस्ताव रखा है। फिर भी तुम मना कर रही हो। ऐसा क्यों?''

बहुत शान्ति से, सीता ने जवाब दिया, ''मेरी शादी राम से हुई है। मैं उनकी पत्नी हूँ और मैं सदा

उनकी पत्नी रहूँगी। इसमें कोई और विकल्प है ही नहीं। तुम्हारे राजा नियमों को समझ नहीं पा रहे हैं, क्योंकि उनकी कामना उन पर हावी है। अगर वे सच में मेरी परवाह करते हैं तो उनको मुझे नियमों का पालन करने देना चाहिए, उन नियमों का पालन जो मुझे सूर्यवंशी राजकुमार की पत्नी के रूप में करना चाहिए, न कि उनको मुझे बन्दी बनाकर रखना चाहिए।''

लंका की स्त्रियों ने उसके बारे में सोचा जो उसने कहा था, और फिर वे इस बात पर सहमत हुईं कि रावण असल में सीता के ऊपर ज़बर्दस्ती अपनी इच्छा थोप रहा था।

फिर उन स्त्रियों ने सीता से पूछा, ''आप क्या करेंगी? आपके पति बहुत दूर हैं। आप जंगल के बीच में हैं समुद्र से घिरे द्वीप पर, जहाँ चारों तरफ़ राक्षस ही राक्षस हैं।''

सीता ने जवाब दिया, ''मैं इन्तज़ार करूँगी। क्योंकि मेरा अपने पति पर विश्वास है। एक दिन वे ज़रूर आयेंगे।''

सीता राम के इन्तज़ार में अपने दिन काट रही थी। सीता की देख-रेख करने वाली स्त्रियों ने सीता को बताया कि किस तरह राक्षस ब्रह्मा से उत्पन्न हुए थे।

''सृष्टि के कर्ता ब्रह्मा का कश्यप नामक एक बेटा था, जिनकी अनेक पत्नियाँ थीं जिनसे असुरों, देवताओं, मनुष्यों, पक्षियों मछलियों, साँपों तथा जंगल के अन्य जानवरों का जन्म हुआ। उनका एक और बेटा था जिसका नाम पुलत्स्य था, उसकी पत्नियों से यक्षों एवं राक्षसों का जन्म हुआ, जो जंगल में रहते हैं।''

असुर राक्षस नहीं हैं। असुर कश्यप के बच्चे हैं जबकि राक्षस पुलत्स्य के। असुर धरती के नीचे रहते हैं और वे देवों से लड़ते हैं जो आकाश के ऊपर रहते हैं। राक्षस जंगल में रहते हैं, जंगल के नियमों को मानते हैं, और सभ्य समाज में रहने वाले इन्सानों से लड़ते हैं।

मैं ब्रह्मा हूँ, पुलत्स्य का पिता—जो सभी राक्षसों और यक्षों का पिता है।
राम और रावण, सीता और शूर्पनखा सब मुझ से ही निकले हैं।
जो भी जीव जगत में हैं मेरे पोता-पोती हैं।
मैं ब्रह्मा हूँ, कश्यप का पिता—जो सभी पशुओं एवं इन्सानों के पिता हैं।
सब मेरे माध्यम से एक-दूसरे से जुड़े हैं।

उन स्त्रियों ने सीता को रावण के जन्म के बारे में बताया और यह भी बताया कि अपने सौतेले भाई कुबेर से उसकी कैसी दुश्मनी थी।

‘‘वैश्रव नाम के एक ऋषि ने दो स्त्रियों से विवाह किया, जिनमें एक यक्ष थी और एक राक्षस। यक्ष स्त्री ने कुबेर को और राक्षस स्त्री ने रावण को जन्म दिया। कुबेर धनी, प्रतिभाशाली और सफल था। उसने समुद्र के बीच में एक द्वीप पर सोने की नगरी लंका का निर्माण करवाया, और पुष्पक विमान का आविष्कार किया। रावण कुबेर से ईर्ष्या करने लगा, और देवताओं की पूजा के माध्यम से उसने अनेक शक्तियाँ हासिल कर लीं, जिसके माध्यम से उसने कुबेर और उसके यक्षों को बाहर भगा दिया, खुद को लंका का राजा घोषित कर लिया

और पुष्पक विमान पर भी कब्ज़ा कर लिया। अब बेचारा कुबेर उत्तर में कहीं अलका नामक नगरी में रहता है।''

सीता इससे प्रभावित नहीं हुई। ''मेरे राम ने अपना राज्य भरत को दे दिया। जबकि आपके रावण ने कुबेर को उसके अपने राज्य से भगा दिया।''

इस बीच, रावण ने अनेक तरह की चालें चलीं ताकि सीता उसकी पत्नी बनकर महल में आ जाये। उसने प्यार भरे शब्दों और गीतों का इस्तेमाल किया और उससे कहा कि वह कितनी प्यारी है और वह उसको चाहता है। उसने सीता को धमकी दी कि वह उसको मारेगा और खा जायेगा। रावण ने सीता के ऊपर फूलों और उपहारों की वर्षा की। लेकिन

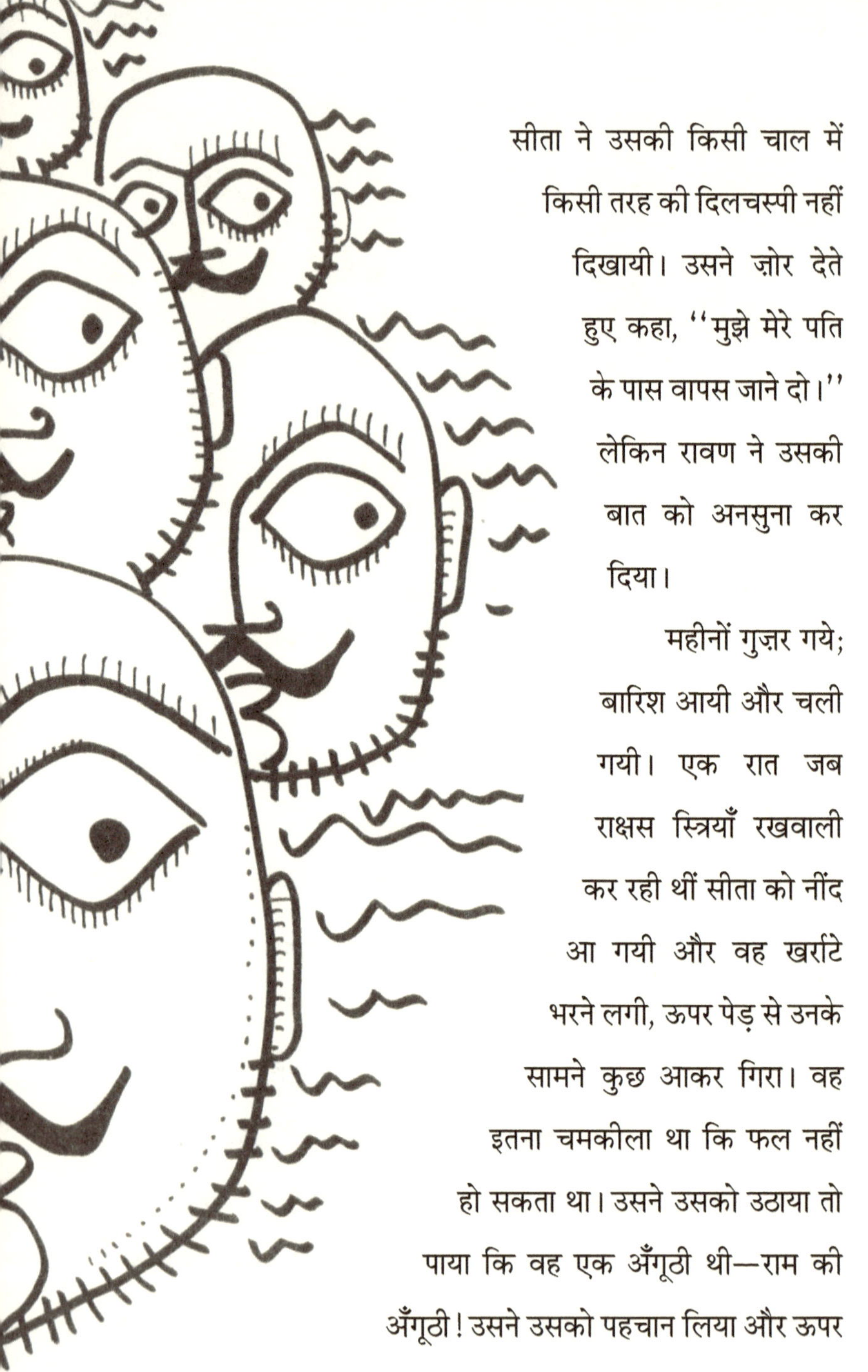

सीता ने उसकी किसी चाल में किसी तरह की दिलचस्पी नहीं दिखायी। उसने ज़ोर देते हुए कहा, ''मुझे मेरे पति के पास वापस जाने दो।'' लेकिन रावण ने उसकी बात को अनसुना कर दिया।

महीनों गुज़र गये; बारिश आयी और चली गयी। एक रात जब राक्षस स्त्रियाँ रखवाली कर रही थीं सीता को नींद आ गयी और वह खर्राटे भरने लगी, ऊपर पेड़ से उनके सामने कुछ आकर गिरा। वह इतना चमकीला था कि फल नहीं हो सकता था। उसने उसको उठाया तो पाया कि वह एक अँगूठी थी—राम की अँगूठी! उसने उसको पहचान लिया और ऊपर

मेरे सामने दो विकल्प हैं: रावण से डरूँ या राम पर विश्वास रखूँ।

देखा। पेड़ की शाखा के ऊपर एक बन्दर बैठा हुआ था।

बन्दर कूद कर नीचे आया और उसने सीता के सामने झुकते हुए कहा, ''मैं हनुमान हूँ, वायु देव का पुत्र। मेरी माँ का नाम अंजनी है और मेरे पिता केसरी हैं। मैं किष्किन्धा के राजा सुग्रीव का चाकर हूँ, और उनके आदेश पर मैं आपके पति राम का दूत बनकर आया हूँ।''

वह ऐसा बन्दर था जो बात करता था! वह उन जाने-माने वानरों में था, जिनके बारे में उसने सुन रखा था—जो दक्षिण के जंगलों के बीच में रहते थे।

अपना परिचय देने के बाद हनुमान ने सीता को राम के बारे में समाचार दिया।''कुछ महीनों पहले वर्षा ऋतु से ठीक पहले हमने देखा कि जंगल में दो अजनबी दक्षिण की तरफ़ यात्रा कर रहे थे, न सो रहे थे, न कुछ खा रहे थे, हर पेड़ और पत्थर के पीछे देख रहे थे। पम्पा झील के किनारे एक बूढ़ी आदिवासी स्त्री, जिसका नाम शबरी था, ने उनको खाने के लिए बेर दिये। वह हर बेर को जूठा कर रही थी और केवल मीठे बेर उनको खाने के लिए दे रही थी। राम ने उनको स्वीकार

कर लिया। लेकिन लक्ष्मण ने नहीं।''

हनुमान ने आगे कहा, ''उत्सुकतावश, मैंने अपना परिचय दिया। उसके बाद, जब मुझे यह समझ में आ गया कि उनसे किसी तरह का खतरा नहीं था तो मैं उनको अपने राजा सुग्रीव से मिलवाने के लिए ले गया। राम ने हमें यह बताया कि वे अपनी पत्नी सीता की तलाश कर रहे थे जिनका अपहरण रावण ने कर लिया था और दक्षिण की तरफ़ लेकर गया था। हमें उस अपहरण के बारे में पता था क्योंकि हमने यह देखा था कि रावण अपने पुष्पक विमान में उड़ कर जा रहा था, उसकी बाँहों में एक स्त्री थी जो विलाप कर रही थी। हमने राम को वे आभूषण दिखाए जो आपने नीचे गिराए थे। राम ने तब

> *वाल्मीकि रामायण* में शबरी मातंग के आश्रम की देखभाल करने वाली संरक्षिका है। मातंग अपने आतिथ्य के लिए जाने जाते हैं। हालाँकि उसमें यह कहीं नहीं लिखा हुआ है कि शबरी ने राम को जूठे बेर दिये थे। करीब 400 साल पहले लिखी गयी बलराम दास की ओड़िया *रामायण* में एक आदिवासी महिला का ज़िक्र आता है जो राम और लक्ष्मण को जूठे आम खिलाती है। हिन्दी में प्रियादास द्वारा लिखी गयी पुस्तक *भक्ति-रस-बोधिनी* में पहली बार यह लिखा गया कि बेर खिलाये गये थे।

सुग्रीव से कहा कि वह आपको खोजने में उनकी मदद करें। सुग्रीव ने मदद करने का भरोसा दिलाया कि वह मदद करेंगे, लेकिन इस शर्त पर कि राम सुग्रीव को उनके भाई वालि को हराने में मदद करेंगे और सुग्रीव को किष्किन्धा का राजा बनायेंगे।

वालि और सुग्रीव किष्किन्धा के पूर्व राजा रिक्षा के जुड़वाँ पुत्र थे। मरने से पहले रिक्षा ने दोनों भाइयों को यह निर्देश दिया कि वे साम्राज्य के नियमों को मानेंगे। दुर्भाग्य से, वालि सुग्रीव पर भरोसा नहीं करता था और थोड़ी-सी गलतफ़हमी के बाद वालि ने सुग्रीव को किष्किन्धा से बाहर निकाल दिया। राज्य को वापस पाने का एक ही तरीका था कि वालि का वध किया जाये। सुग्रीव ने राम से कहा, ''मैं अपने भाई को द्वंद्व युद्ध के लिए ललकारूँगा, और जब हमारे बीच द्वंद्व चल रहा होगा तो आप झाड़ी के पीछे से छिपकर बाण चलाकर वालि को

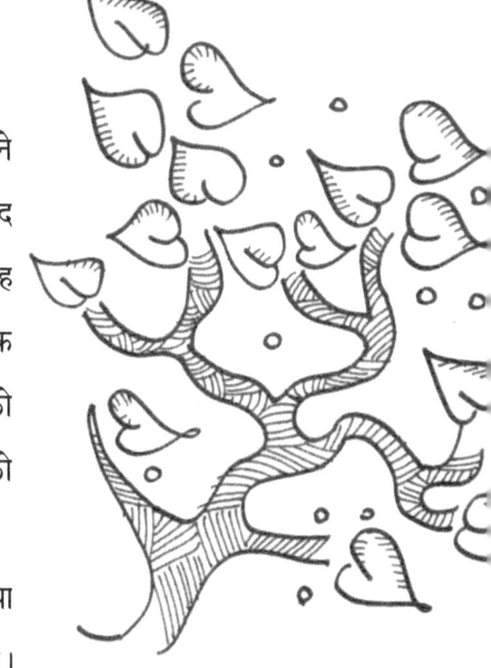

रामायण में वानरों को वैदिक देवताओं के पुत्रों के रूप में दिखाया गया है। हनुमान को वायु देवता के पुत्र के रूप में, सुग्रीव को सूर्य देवता के पुत्र के रूप में जबकि वालि को वर्षा के देवता इन्द्र के पुत्र के रूप में।

मार गिराएँगे।'' राम मान गये। उन्होंने सुग्रीव को यह सुझाव दिया कि वह अपने गले में एक माला डाल ले ताकि वे उसको पहचान सकें। कारण यह था कि दोनों एक जैसे लगते थे। इसलिए, अपनी गर्दन में माला डालकर सुग्रीव ने वालि को द्वंद्व के लिए चुनौती दी, और जब दोनों के बीच लड़ाई चल रही थी तो राम ने बाण चलाया और वालि मारा गया, जिससे सुग्रीव वानरों का राजा बन गया।''

वालि को पीछे से बाण चलाकर तब मारना जब वह सुग्रीव से लड़ाई कर रहा था—क्या यह धोखा नहीं हुआ, सीता ने सोचा।

हनुमान ने आगे कहा, ''यह सुग्रीव की लड़ाई थी, न कि राम की। वालि ने ताकत का इस्तेमाल करके सुग्रीव को राज्य से बाहर कर दिया। सुग्रीव चालाकी से ही अपने ताकतवर भाई को हरा सकता था। राम बस उसके माध्यम थे, वह सुग्रीव के निर्देशों का पालन कर रहे थे। इसके अलावा, अगर राम ने वालि पर सामने से हमला किया होता तो वानरों ने उनको ही अपना राजा बना लिया होता न कि सुग्रीव को।

''राजा बनने के बाद,'' हनुमान ने कहा, ''सुग्रीव ने अपना वादा पूरा करने की दिशा में सोचा। उन्होंने मुझे दक्षिण में जाकर आपकी खोज करने के लिए कहा। जिसका मतलब था बहुत

सूर्य ने हनुमान को वेद पढ़ाये थे इसीलिए हनुमान को संस्कृत में महारत हासिल थी। शिक्षा के शुल्क के बदले सूर्य ने सुग्रीव की रक्षा करने को कहा।

सारे पहाड़ों और नदियों एवं जंगलों को पार करना—और आखिर में एक बहुत बड़ा समुद्र पार करना, जिसमें राक्षस भरे हुए थे। यह आसान नहीं था, लेकिन मैं हाज़िर हो गया, आपको आपके पति के पास वापस ले जाने के लिए। क्योंकि मैं कोई सामान्य वानर नहीं हूँ; मैं समुद्र को छलांग मार कर पार कर सकता हूँ। इसलिए आप मेरी पीठ पर बैठ जाइए, मैं आपको राम के पास वापस लेकर जाऊँगा।''

सीता ने जवाब दिया, ''बहुत-बहुत धन्यवाद हनुमान, आपने मदद के लिए कहा यह बड़ी बात है। लेकिन मैं यह चाहती हूँ कि मेरे पति समुद्र को पार कर लंका आयें, रावण को मारें और मुझे खुद उससे आज़ाद करायें, इस तरह से अपने परिवार की इज्ज़त को दोबारा

स्थापित करें। राम एक राजकुमार हैं और राजकुमारों के लिए राजकीय प्रतिष्ठा का बहुत महत्त्व होता है, खासकर सूर्यवंशियों के लिए।''

यह था सीता का तीसरा निर्णय

इन्सानों का ढंग भी अजीब होता है, हनुमान ने सोचा, लेकिन उसने सीता के इस निर्णय का सम्मान किया। ''कृपया मुझे अपनी

कोई वस्तु दें जो मैं आपके पति को दिखा सकूँ, जिससे कि उनको इस बात का भरोसा हो जाये कि मैंने सच में आपको खोज लिया है,''

रामायण में हनुमान के समुद्र पार जाने की कहानी का वर्णन किया गया है, जिसके दौरान उन्होंने लगातार चालाकी दिखाते हुए समुद्र राक्षसी सुरसा को छकाया, एक और समुद्र राक्षसी सिंहिका को मार गिराया—अन्त में लंकिनी नामक देवी को हराया जो लंका की रक्षा करती है। भक्तों के बीच *रामायण* का यह हिस्सा जिसको 'सुन्दरकाण्ड' कहा जाता है, बहुत लोकप्रिय है।

हनुमान ने निवेदन किया। सीता के पास एकमात्र आभूषण बचा हुआ था—उनके जूड़े में लगाया जाने वाला आभूषण, जिसको संस्कृत में चूड़ामणि कहते हैं, वह उन्होंने हनुमान को दे दिया।

फिर हनुमान ने कहा, ''मैं बहुत दूर से चलकर आया हूँ, इससे बहुत भूख लग गयी है। क्या मैं कुछ खाने के लिए ले सकता हूँ?''

सीता ने जवाब दिया, ''यह वाटिका फलों से लदी हुई है, जो मन है खाओ।''

जंगल में राम और लक्ष्मण पेड़ों की छाल के वस्त्र पहनते थे, जैसा कि संन्यासियों से पहनने की अपेक्षा की जाती है। लेकिन सीता नहीं, वह बहुत सारे आभूषण पहनती थीं—जैसा कि पुराने ज़माने में राजकुमारियाँ पहनती थीं।

हनुमान एक पेड़ से दूसरे पेड़ पर कूदने लगे, फल खाने लगे और आनन्द उठाने लगे। जब उनका पेट भर गया तो उन्होंने पेड़ों की शाखाओं को हिलाना शुरू कर दिया, और बगीचे में कोहराम मचा दिया। शोर सुनकर अशोक वाटिका की रक्षक राक्षस स्त्रियाँ उठीं तो उन्होंने वहाँ एक बन्दर को देखा। वे घबराकर रक्षकों को बुलाने के लिए भागीं।

रक्षक अन्दर आये, और बहुत संघर्ष के बाद वे हनुमान को पकड़ने में सफल हुए (या हनुमान ने खुद को पकड़ा जाने दिया?)। वे हनुमान की पूँछ पकड़ कर खींचते हुए उनको रावण के पास लेकर गये।

रावण ने हनुमान की तरफ़ देखा और पूछा, ''कौन हो तुम?''

हनुमान ने मुस्कुराते हुए घोषणा की, ''मैं राम का दूत हूँ और समुद्र पार करके आपसे यह कहने के लिए आया हूँ कि राम अपनी पत्नी को वापस ले जाने के लिए निकल चुके हैं और वे रास्ते में हैं।

अब मुझे जाने दीजिये। क्या आपके राज्य में दूतों के साथ इसी तरह का बर्ताव किया जाता है?''

रावण को किसी तरह की हैरानी नहीं हुई। उसने उस बदमाश बन्दर को सबक सिखाने की ठान ली।

''इसकी पूँछ में आग लगा दो !'' उसने आदेश दिया।

हनुमान ऐसे जता रहे थे मानो वे डर गये हों लेकिन जैसे ही रक्षकों ने उनकी पूँछ में आग लगायी, उन्होंने खुद को उनके चंगुल से आज़ाद करा लिया और हँसते हुए एक छत से दूसरी छत, एक घर से दूसरे घर पर कूदने लगे और महल तथा

> *रामायण* के कई लोक संस्करणों, जिन्हें रामकथा कहा जाता है, में वर्णित है कि हनुमान ने अपनी लम्बी पूँछ से कुंडली बनाकर पूँछ का सिंहासन बना लिया और उस पर बैठ गये। यह पूँछ का सिंहासन रावण के सिंहासन से ऊँचा था।

  सीता के पाँच निर्णय

शहर में अपनी पूँछ से आग लगाने लगे।
हनुमान ने बस एक स्थान पर आग नहीं
लगायी, वह अशोक वाटिका थी, जहाँ
सीता रह रही थीं।

जब लंका जल रही थी तो
हनुमान समुद्र के पार कूद गये और
जंगल में लौट गये, जहाँ वे राम और
सुग्रीव से जा मिले। उन्होंने उन दोनों
को सीता के बारे में बताया और राम
को सीता के जूड़े में लगाया जाने वाला
आभूषण दिया जो इस बात का सबूत
था कि हनुमान ने सीता की खोज कर
ली थी। उन्होंने उन लोगों को यह भी
बताया कि सीता चाहती थीं—कि वह
लंका में तब तक इन्तज़ार करेंगी जब
तक कि राम उनको बचाने के लिए
नहीं जाते हैं।

''फिर चलते हैं,'' राम ने कहा।

सुग्रीव की मदद से राम ने वानरों
और भालुओं की सेना बनायी, और

जानवरों की यह विशाल सेना दक्षिण दिशा में चल पड़ी। दक्षिणी तट पर पहुँचने के बाद राम ने अपने धनुष की प्रत्यंचा खींच कर और समुद्र के देवता, वरुण, को चेतावनी दी कि यदि उन्होंने समुद्र के पानी को हटा कर उन्हें निकलने के लिए रास्ता नहीं दिया तो अच्छा नहीं होगा।

वरुण राम के सामने प्रकट हुए और बोले, ''अगर आपने ऐसा किया तो अनेक मछलियाँ मर जायेंगी। बेहतर तो यह होगा कि आप समुद्र के ऊपर एक पुल का निर्माण करें। मछलियाँ नीचे से सहारा देकर पत्थरों को ऊपर बहाती रहेंगी।''

''फिर ठीक है, यही करते हैं,'' राम ने कहा। हनुमान के निर्देश पर बन्दरों ने धरती से पत्थरों को इकट्ठा करना शुरू कर दिया। उन्होंने पत्थरों को समुद्र में फेंकना शुरू किया। मछलियों ने उन पत्थरों को पानी के ऊपर बनाए रखा। साथ मिलकर, वे कुछ ऐसा कर रहे थे जो पहले किसी ने भी नहीं किया था—लंका के लिए पुल बनाना।

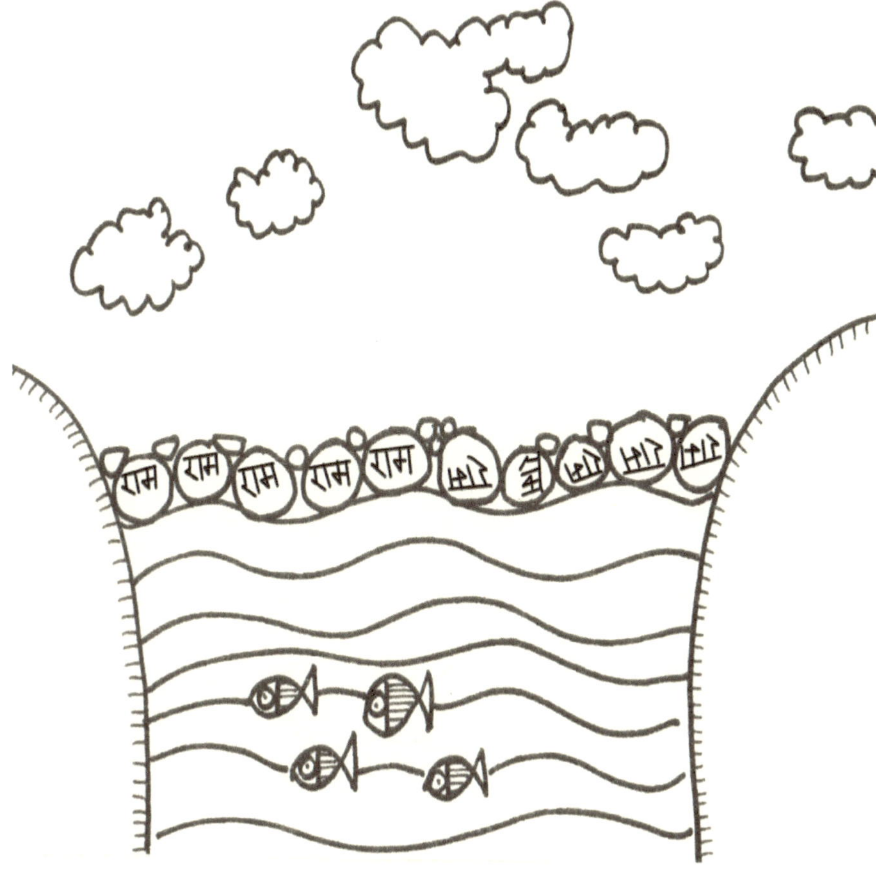

वाल्मीकि रामायण के अनुसार, नल नामक बन्दर की देख-रेख में पुल का निर्माण किया गया, जो वैदिक देवता वास्तुकार विश्वकर्मा का पुत्र था। तुलसीदास का कहना है कि इसका निर्माण दो बन्दर भाइयों नल और नील ने करवाया, लेकिन पिछले 200 सालों में जो कहानियाँ कही गयी हैं उनके अनुसार पुल बनाने में हनुमान की मुख्य भूमिका थी, पत्थरों के ऊपर राम का नाम लिख दिया गया ताकि यह पक्का किया जा सके कि पत्थर डूबे नहीं बल्कि पानी के ऊपर तैरते रहें।

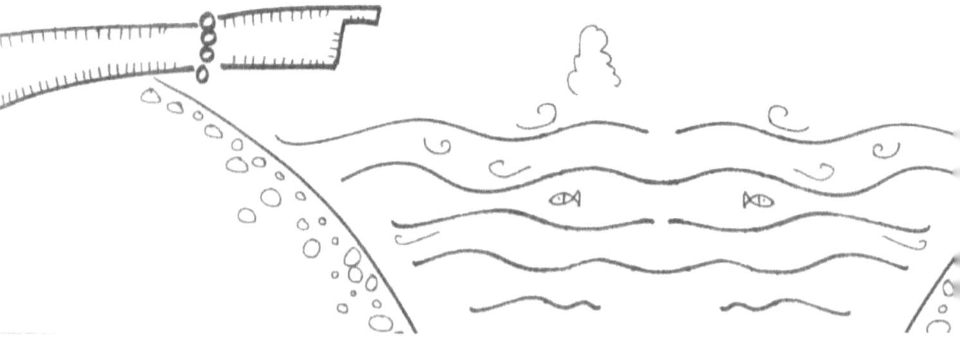

अध्याय 4

सीता का चौथा निर्णय

पुल बन गया। और वानरों की सेना, राम के नेतृत्व में लंका द्वीप पहुँच गयी। जब सीता को इस बारे में पता चला तो उनके होंठों पर मुस्कान आ गयी। उनका इन्तज़ार अन्तत: खत्म हो गया था।

बेटे, युद्ध से बेहतर शान्ति होती है।
भाई, सीता को उसके पति के पास जाने दीजिये। नहीं तो मैं लंका छोड़ दूँगा।
भाई, शायद बात बहुत आगे बढ़ चुकी है।

हवा में युद्ध के नगाड़े गूँजने लगे।

राक्षसों ने अपने राजा की ओर देखा और यह सोचने लगे कि क्या यह बेहतर नहीं होता कि सीता को उनके पति को लौटा दिया होता, यह खून-खराबा न होता?

लेकिन रावण की दिलचस्पी शान्ति में नहीं थी। वह तो यही चाहता था कि सीता को हथिया ले जैसे कोई जिद्दी बच्चा चुराए गये खिलौने को अपने पास रखना चाहता है।

रावण ने अपने माता, पिता, पत्नी या बेटे, भाई या दोस्तों की नहीं सुनी। उसको यह लग रहा था कि वह सही था और बाकी सारे लोग गलत थे।

जब उसके भाई विभीषण ने उसके साथ तर्क करना चाहा तो रावण ने चिल्लाते हुए कहा, ''अगर तुमको राम इतने ही पसन्द हैं तो मेरे इस राज्य को छोड़ दो।''

इसलिए विभीषण ने महल छोड़ दिया और राम की मदद करने के लिए चला गया।

राक्षसों और वानरों के बीच घमासान युद्ध हुआ। रावण के अनेक बेटे मारे गये, जिनमें पराक्रमी मेघनाद भी था, जिसको इन्द्रजीत के नाम से जाना जाता था।

रावण के अनेक भाई मारे गये, जिनमें कुम्भकर्ण भी था। लेकिन रावण ने अपना निश्चय नहीं बदला।

पहली कन्नड़ फ़िल्म 'सती सुलोचना' में यह कहानी कही गयी है, जो दक्षिण क्षेत्र में लोकप्रिय है कि किस तरह से मेघनाद की पत्नी सुलोचना ने दुश्मन के खेमे से मेघनाद का शव बहादुरी से उठाया था।

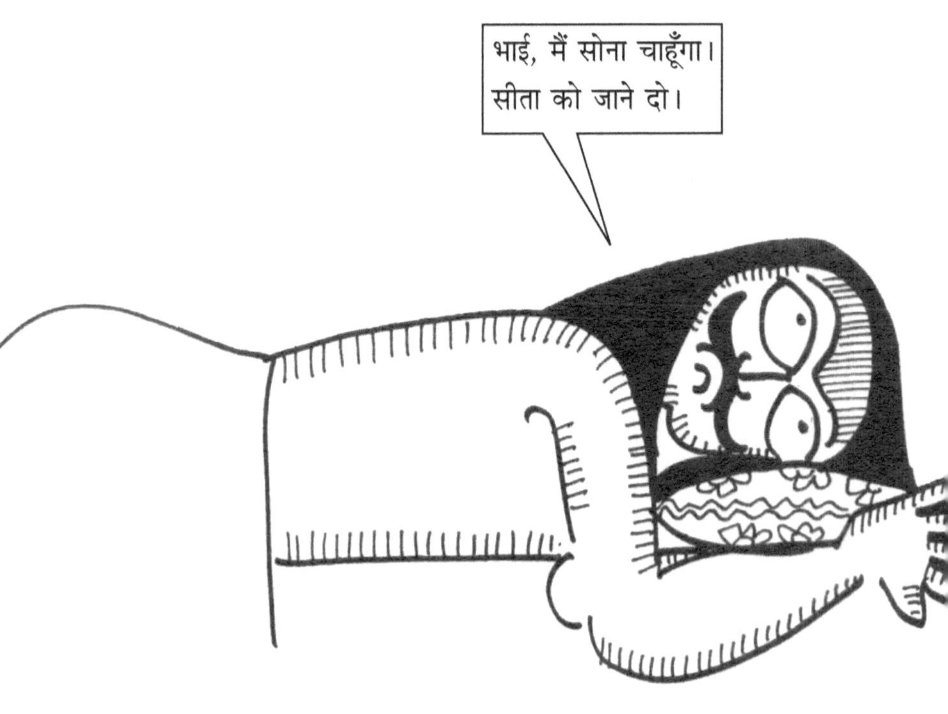

कुम्भकर्ण एक बार में छह महीने तक सोता था और फिर एक दिन के लिए जगता था। उस दिन, लड़ाई में उसको हरा पाना मुश्किल होता था। अधीर रावण ने, उसको नींद पूरी होने से पहले ही जगा दिया, जिसके कारण राम उसका वध कर पाये।

राम के लिए भी सब कुछ इतना आसान नहीं था। एक बार लक्ष्मण को एक ज़हरीला बाण लग गया। हनुमान उड़कर उत्तर दिशा में गये और वहाँ से एक पहाड़ उठाकर ले आये, जिस पर 'संजीवनी बूटी' नामक औषधीय पौधा उगता था। इसके द्वारा लक्ष्मण की जान बच गयी।

एक बार, राम और लक्ष्मण का अपहरण रावण के मायावी मित्र महिरावण और उसके पुत्र अहिरावण द्वारा कर लिया गया। हनुमान पाताल में घुस गये, जहाँ नाग और असुर भरे हुए थे, वहाँ उन्होंने मायावियों से युद्ध किया और राम और लक्ष्मण को छुड़ा लाये।

पाताल लोक में हनुमान की शौर्य गाथा संस्कृत कृति *अद्भुत रामायण* में कही गयी है, जिसकी रचना 400 साल पहले हुई थी, इसके बाद पाताली हनुमान की पूजा शुरू हुई।

 सीता के पाँच निर्णय

वैसे तो हनुमान बहुत शक्तिशाली थे और सभी राक्षसों को स्वयं मारने में सक्षम थे, लेकिन उनको यह याद था कि सीता यह चाहती थीं कि राम उनको स्वयं रावण के चंगुल से आज़ाद करायें। हनुमान ने इस बात का सम्मान किया और राम को सवारी के लिए अपना कन्धा दिया। हनुमान के कन्धे पर सवार, हाथ में धनुष लेकर आखिरकार राम का सामना रावण से हुआ जो अपने विशाल रथ पर सवार होकर युद्ध के मैदान में आया था। वे पहली बार मिल रहे थे।

राम और रावण के बीच भयानक युद्ध हुआ। दोनों तरफ़ से तीरों की वर्षा हो रही थी। वानर और राक्षस दोनों योद्धाओं की लड़ाई देखने के लिए रुक गये—राम को सीता को बचाना था, जबकि रावण को सीता को अपने कब्ज़े में रखना था। आखिरकार, राम का तीर जाकर रावण की नाभि में लग गया—उस जगह पर जहाँ उसकी जान सुरक्षित थी—और ज़मीन पर गिरकर रावण मर गया। बन्दर जीत का शोर मचाने लगे। युद्ध की समाप्ति की घोषणा के लिए शंख बजाये जाने लगे। राम और लक्ष्मण खुश थे—सीता मुक्त हो चुकी थीं।

जब सीता अशोक वाटिका से निकल कर जा रही थीं तो वह इस बात से बहुत उत्साहित थीं कि उनकी भेंट उनके पति से होगी। वे कई महीनों से एक-दूसरे से दूर थे। लेकिन राम से मिलने पर उनको बहुत आघात लगा।

राम ने कहा, ''मैंने उस आदमी को हरा दिया है जिसने अयोध्या

क्या आप जानते हैं ? राम और रावण दोनों ही शिव और शक्ति की आराधना किया करते थे। लेकिन जहाँ राम अपने परिवार और अपने लोगों के लिए लड़ रहे थे, रावण सिर्फ़ अपने लिए लड़ रहा था।

जब रावण नीचे पड़ा मर रहा था तब राम ने उससे पूछा कि जीवन में उसने सबसे बड़ा सबक क्या सीखा। रावण का जवाब था, ''हम हमेशा ऐसी चीज़ों का पीछा करते हैं जो हमारे लिए बुरी होती हैं। और ऐसी चीज़ों से बचते हैं जो हमारे लिए अच्छी होती हैं।''

की रानी, मेरे परिवार की बहू का अपहरण कर लिया था। तुम्हें यहाँ से बचा कर मैंने अपने परिवार के सम्मान की रक्षा की है। सीता! अब आप जहाँ चाहें वहाँ जाने के लिए मुक्त हैं।''

उनका जवाब था, ''मैं आपके साथ जाना चाहती हूँ।''

यह था सीता का चौथा निर्णय

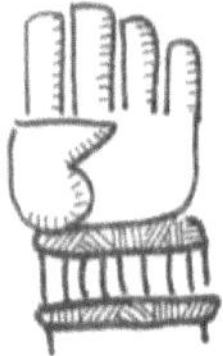

राम ने तर्क दिया, ''लेकिन लोग कहेंगे कि तुम किसी और पुरुष के घर में रही हो—उस आदमी के जो होशियार था क्योंकि उसके दस सिर थे, जो ताकतवर था क्योंकि उसके बीस हाथ थे, एक ऐसा आदमी जो दुनिया में अपने पुष्पक विमान पर उड़ता था।''

तब सीता ने कहा, ''आपके प्रति अपने प्यार को साबित करने के लिए मैं अग्निपरीक्षा दूँगी। अगर मैंने आपको सच्चा प्यार किया होगा, किसी और को नहीं तो आग की लपटें मेरा कुछ नहीं बिगाड़ पायेंगी।''

यह कहते हुए सीता आग में प्रवेश कर गयीं। आग की लपटों ने सीता को छुआ भी नहीं।

राम बहुत खुश हुए।

जब राम, लक्ष्मण और सीता ने वापस लौटने का फ़ैसला किया तो लंका के नये राजा विभीषण ने उनको सुझाव दिया, ''आप लोग रावण के विमान का उपयोग क्यों नहीं करते हैं? यह तेज़ है।''

वालि की मृत्यु के बाद सुग्रीव ने किष्किन्धा का राजा बनने से पहले वालि की विधवा तारा से विवाह कर लिया। रावण की मौत के बाद विभीषण ने लंका का राजा बनने से पहले रावण की विधवा मंदोदरी से विवाह कर लिया। राम के राज्याभिषेक में वे सभी शामिल हुए।

अध्याय 5

सीता का पाँचवाँ निर्णय

वापस आने के बाद राम को अयोध्या का राजा बनाया गया और सीता उनकी महारानी बनीं। वे सभी राम के भाइयों और उनकी पत्नियों के साथ, जो कि सीता की बहनें थीं, एक सुन्दर महल में निवास करने लगे। हनुमान भी राम के दूत के रूप में महल में ही

तुलसीदास कृत *रामचरित-मानस* की रचना करीब 400 साल पहले अवधी भाषा में हुई थी। इसकी कथा लंका से राम के अयोध्या लौटने और उनके राज्याभिषेक के साथ सम्पूर्ण हो जाती है।

रहने लगे। राजा और उनकी प्रजा राज्य के नियमों का पालन करते थे और सभी अपने कर्तव्यों के प्रति जागरूक थे। सब कुछ व्यवस्था के अनुरूप हो रहा था। राज्य में समृद्धि थी। लोग सुरक्षित और प्रसन्न थे।

लेकिन कुछ भी सदा नहीं रहता। यहाँ तक कि शान्ति भी नहीं। सड़कों पर कानाफूसी होने लगी। लोग इस बात को याद करने लगे कि सीता अपने पति से दूर लंका में रावण की छाया में बहुत दिनों तक रही थीं।

‘‘यह पवित्र नहीं है,’’ लोग कहने लगे। ‘‘हमारे आदर्श राजा की पत्नी में कोई खामी हो, यह हम कैसे स्वीकार कर सकते हैं।’’ वे सोचने लगे।

राजमहल के धोबी को यह कहते हुए सुना गया, ‘‘मैं राजसी वस्त्रों से दाग मिटा सकता हूँ। लेकिन राजा के सम्मान के ऊपर अगर दाग लग जाये तो मैं उसको नहीं मिटा सकता।’’

सीता के प्रति राम के प्यार को देखकर महल की स्त्रियाँ ईर्ष्यालु

हो गयीं। उन्होंने यह तय किया कि राम के प्रति सीता के प्यार को लेकर उनके मन में शंका के बीज डाले जायें। वे स्त्रियाँ लगातार सीता से रावण के बारे में पूछती रहती थीं।

रावण की छाया की कहानी दक्षिण एशियाई देशों, यथा, थाईलैंड, बाली और कम्बोडिया में पायी जाती है, जहाँ *रामायण* की कहानी व्यापार के लिए जाने वाले समुद्री जहाज़ों के व्यापारियों के माध्यम से पहुँची।

''मैंने कभी उसका चेहरा नहीं देखा। मैंने बस उसकी छाया देखी है,'' सीता ने कहा।

उन स्त्रियों ने सीता से राक्षसराज की तस्वीर बनाने के लिए कहा। सीता ने बना दी, और स्त्रियों ने आह भरी!

उन्होंने सबसे यह कहा कि सीता अभी भी रावण के बारे में सोचती रहती है।

जब राम को यह पता चला कि नगर में सभी सीता को लेकर बातें बना रहे हैं, तो वे चौकन्ने हो गये। नियम साफ़ था—राजा के सम्मान पर किसी भी तरह का दाग पड़ जाये तो उसको हटाया जाना चाहिए। सीता को जाना ही था। राम ने लक्ष्मण से कहा कि वे सीता को जंगल

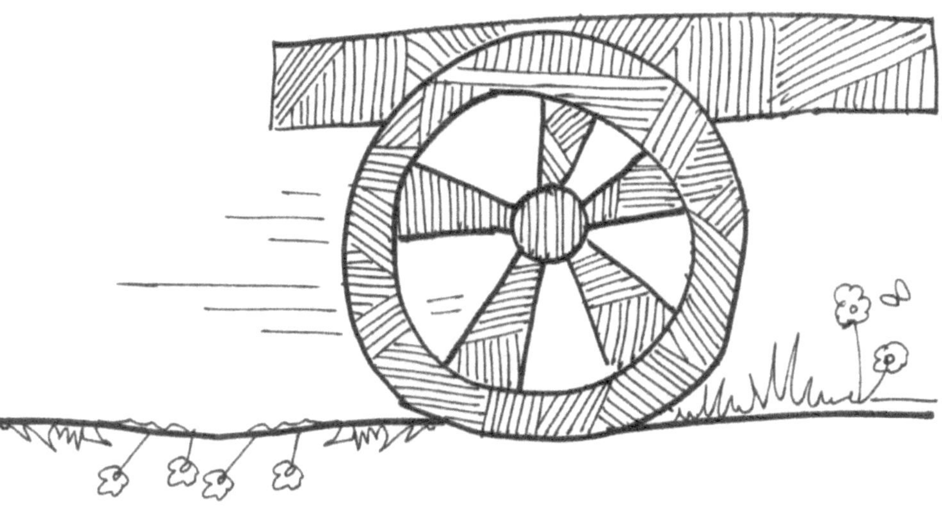

में ले जायें और उनको वहीं छोड़ दें। लक्ष्मण ने पहले तो इस बात का विरोध किया लेकिन बाद में सूर्यराज की आज्ञा का पालन किया।

जब वे जंगल में पहुँचे, लक्ष्मण ने सीता से कहा, ''मेरे भाई ने आपको यहीं छोड़ देने के लिए कहा है। अब आपका सूर्यनगरी में स्वागत नहीं किया जायेगा।''

जब सीता ने कारण पूछा तो लक्ष्मण ने कहा कि वह तो बस राजा की आज्ञा का पालन कर रहे हैं और उनको भी इसका पालन करना चाहिए।

सीता को समझ में आ गया कि इस बार उनके सामने कोई विकल्प नहीं था। उनको आज्ञा का पालन करने के लिए कहा गया था। अगर किसी ने उनसे उनकी इच्छा पूछी होती तो उन्होंने क्या चुना

होता ? उसी राज्य में रहना जहाँ उनकी ज़रूरत नहीं थी ? या बाहर निकल कर जंगल में चली जाती जो उनको ठुकराता नहीं ?

सीता जानती थी कि वह जंगल में आराम से रह लेगी। क्या राम के साथ चौदह साल तक वह जंगल में नहीं रही थी ? उसको पता था कि भोजन की तलाश कैसे करनी है। उसको पता था कि पानी कैसे खोजना है। उसको पता था कि विश्राम के लिए जगह की खोज कैसे करनी है। उसको तो यह

अनेक *लोक-रामायणों* में यह लिखा है कि सीता का एक ही बेटा था, लव, जब वह पानी लाने जाती थी तो उस बच्चे को वाल्मीकि के पास छोड़ कर जाती थी। लेकिन वह बच्चा खो गया, और बेचैन होकर वाल्मीकि ने कुश के ढेर को लव जैसे बालक में बदल दिया। इस प्रकार कुश का जन्म हुआ।

भी पता था कि समय कैसे व्यतीत करना है। उसको नदियों, पहाड़ों, पक्षियों, पशुओं, तितलियों और सितारों के साथ आनन्द आता था। जंगल में साधू उसका साथ देते, और अगर वे आस-पास नहीं होते तो वह अपना इन्तज़ाम निश्चित रूप से स्वयं ही करने में सक्षम थी। लेकिन वह अपने आप में नहीं थी।

सीता ने अपने पति को यह नहीं बताया था कि वह जल्द ही माँ बनने वाली थी—उसकी कोख में राम का बच्चा था। कुछ महीनों बाद उसने राम के बच्चे को जन्म दिया, बल्कि कहना चाहिए कि बच्चों को। वे जुड़वाँ थे। सीता ने उनका नाम रखा—लव और कुश।

अगले कुछ सालों तक माँ और बेटे जंगल में हँसी-खुशी व शान्तिपूर्वक रहते रहे। वे जंगल के साधुओं से मिले और उनसे उन्होंने काफ़ी कुछ सीखा। बच्चे कन्द-मूल और फल खाते हुए बड़े हुए और वे पशुओं को बहुत प्यार करते थे। उन्होंने हिरणों, बाघों और हाथियों के साथ दोस्ती की। सीता ने उनको यह सिखाया कि किस तरह से धनुष-बाण का इस्तेमाल करना चाहिए।

कवि-ऋषि वाल्मीकि ने राम के जीवन को आधार बनाकर एक महाकाव्य की रचना की। सीता ने वाल्मीकि से कहा कि वे उस महाकाव्य को उनके बच्चों को सिखा दें। उन्होंने वाल्मीकि को यह नहीं बताया था कि वह कौन थी या उसके बच्चे कौन थे। वह चाहती थी कि उसकी पहचान को गुप्त रखा जाये, लेकिन वह चाहती थी कि

उसके बच्चे अपने पिता के बारे में जानें।

जब लव और कुश ने उस कविता को अच्छी तरह सीख लिया, और वे उस महाकाव्य को बहुत अच्छी तरह से गाने लगे तो वाल्मीकि ने उन बच्चों से यह पूछा, ''क्या तुम लोग इसे राम के दरबार में गाना चाहोगे ?'' वे उत्साहपूर्वक तैयार हो गये।

तब वाल्मीकि उन बच्चों को अयोध्या, राम के दरबार में लेकर गये, उस समय वहाँ बहुत सारे कवि अपनी-अपनी कविताएँ सुना रहे थे।

जब वाल्मीकि की बारी आयी तो उन्होंने घोषणा की, ''मैंने राम की कहानी को आधार बनाकर एक कृति की रचना की है और ये दोनों बच्चे उसको गायेंगे।''

लव और कुश के उस प्रदर्शन की सब ने तारीफ़ की, यहाँ तक कि राम ने भी उनकी तारीफ़ की, हालाँकि वे अपने बच्चों को पहचान नहीं पाये।

क्या आप जानते हैं? केरल में लोग कर्किदकम का महीना, जो कि वर्षा ऋतु के मध्य में पड़ता है, *रामायण* पढ़ते हुए बिताते हैं। केरल की यह विशिष्टता है कि वहाँ राम, लक्ष्मण, भरत और शत्रुघ्न को समर्पित अलग-अलग मन्दिर हैं।

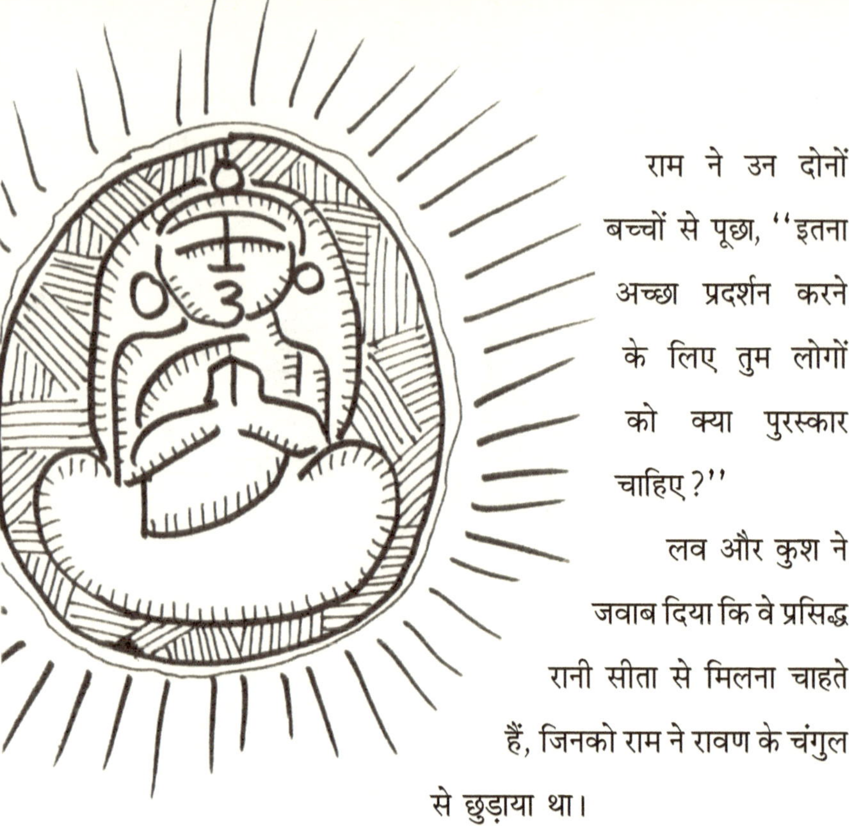

राम ने उन दोनों बच्चों से पूछा, ''इतना अच्छा प्रदर्शन करने के लिए तुम लोगों को क्या पुरस्कार चाहिए?''

लव और कुश ने जवाब दिया कि वे प्रसिद्ध रानी सीता से मिलना चाहते हैं, जिनको राम ने रावण के चंगुल से छुड़ाया था।

राम ने उनको अपने हाथ में लेकर एक गुड़िया दिखायी—सोने की बनी हुई एक गुड़िया। ''मेरे पास अब यही सीता रह गयी है।''

लव और कुश को आघात लगा। एक गुड़िया!

राम ने बताया कि अयोध्या के लोगों को ऐसा लगता था कि सूर्यवंशी राजकुमार की पत्नी ऐसी स्त्री नहीं होनी चाहिए जो रावण की

क्या आपने ध्यान दिया? *रामायण* में सोना बार-बार आता है—जनक का सोने का हल, सोने का हिरण, सोने की नगरी लंका, सीता की सोने की मूर्ति।

     सीता के पाँच निर्णय

छाया में रह चुकी है। इसलिए उनको सीता को जंगल में भेजना पड़ा, जहाँ वह अकेली रहती है, जबकि वह सोने की गुड़िया के साथ रह रहे हैं। बच्चे इस बात को समझ नहीं पाये। ''लेकिन उनका अपराध क्या था?''

राम ने उनको समझाया कि सूर्यवंश के नियम बहुत सख्त हैं—राज परिवार का कोई भी सदस्य, जिसके चरित्र को लेकर सूर्यनगरी के लोग शंका करते हैं, उसको बिना एक पल की भी देरी किये निकाल

दिया जाता है।

बच्चों ने तर्क किया, ''लेकिन क्या यह अनुचित नहीं है?''

राम ने कहा, ''सवाल सही या गलत, उचित या अनुचित का नहीं है। सवाल नियमों के पालन का है।''

लव और कुश महल से भाग गये। उनको अब राम पसन्द नहीं आये। उन्होंने अपनी माँ से कहा कि राम अच्छे व्यक्ति नहीं हैं। यह

सुनकर सीता को बहुत बुरा लगा।

सीता ने अपने बच्चों से कहा, ''कुछ लोगों को आज़ादी होती है कि वे जो चाहे, करें। दूसरों को यह आज़ादी नहीं होती और उनको नियमों का पालन करना होता है। दुनिया में हर तरह के लोग होते हैं।''

एक दिन एक राजसी सफ़ेद घोड़ा जंगल में प्रविष्ट हुआ। उस घोड़े के ऊपर कपड़े की पताका लगी हुई थी जिस पर यह लिखा हुआ था कि जहाँ कहीं भी यह घोड़ा घास खायेगा, वह ज़मीन अयोध्या के

क्या आपने ध्यान दिया? *रामायण* में भाइयों की कहानी भरी हुई है—राम और उनके भाई। वालि और उनके भाई, रावण और उनके भाई, लव और कुश। लेकिन दूसरे भाइयों के विपरीत लव और कुश कभी नहीं लड़ते।

राजा राम के अधीन हो जायेगी।

लव ने कुश से कहा, ''अगर हमने घोड़े को अपने घर के सामने से गुज़र जाने दिया तो हम लोग उस राजा के अधीन हो जायेंगे जो केवल नियमों को ही मानता है। यह निर्णय हमारा है कि हम उस घोड़े को जाने दें या उसे रोक कर खुद को उस राजा के अधीन होने से रोकें।''

कुश ने बात मान ली।

इस तरह उन दोनों भाइयों ने घोड़े को पकड़ लिया और उसको एक पेड़ से बाँध दिया। राजा की सेना ने उनको पकड़ने की कोशिश की लेकिन उन बच्चों की माँ ने उनको युद्ध का प्रशिक्षण दिया था, इसलिए जिसने भी उनसे घोड़ों को छीनने का प्रयत्न किया उन बच्चों ने उनको हरा दिया। उन बच्चों ने अयोध्या की पूरी सेना को हरा दिया! राम

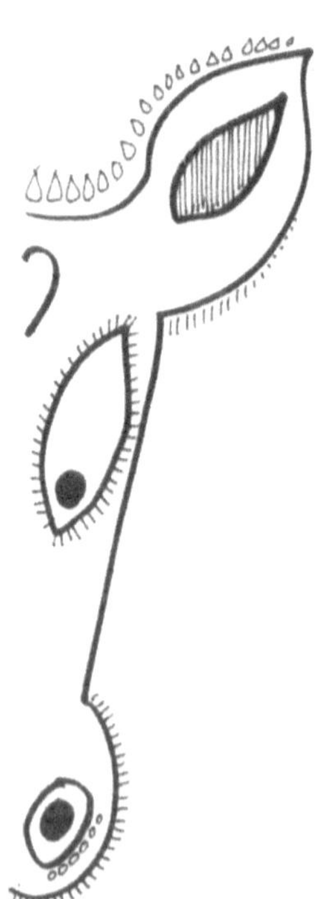

अद्भुत रामायण में सीता देवी काली के रूप में आती हैं जो रावण से भी अधिक शक्तिशाली राक्षसों को हरा सकती हैं। स्वाभाविक रूप से उनके बच्चे भी शक्तिशाली हैं।

के भाई लक्ष्मण, भरत, शत्रुघ्न भी आये, लेकिन उनको भी हार का सामना करना पड़ा। उसके बाद हनुमान आये, लेकिन बच्चे उनको पेड़ से बाँध पाने में सफल रहे।

अपने भाइयों और सेना को बचाने के लिए राम खुद जंगल में आये।

जब उन्होंने लव और कुश पर धनुष ताना तो उनके बचाव के लिए सीता सामने आ गयी।

''रुक जाइए! अयोध्या के राजा, ये आपके बच्चे हैं, और मेरे भी।''

एक बेटी, बहन, पत्नी और माँ के रूप में मैंने अपना सर्वश्रेष्ठ किया है।
राम, राम, राम...हमेशा से मेरे दिल में हैं।
अब जाने का समय आ गया है।
राम को एक पत्नीव्रत कहा गया है, एक ऐसा पति जिसकी बस एक पत्नी हो और जो उसके प्रति सच्चा भी हो।

राम ने सीता को पहचान लिया और धनुष उनके हाथ से गिर गया। राम अवाक् थे।

''वापस आ जाओ,'' राम ने कहा। ''अब लोग तुमको मेरे राजकीय सम्मान के लिए उतना कलंक के रूप में नहीं देखते हैं। उनका कहना है कि तुम सोने की तरह शुद्ध हो।''

सीता ने कहा, ''मैं वहाँ नहीं आ सकती हूँ जहाँ प्यार से अधिक प्रतिष्ठा को महत्त्व दिया जाता हो। मैं जंगल में ही रहूँगी।''

यह था सीता का पाँचवाँ निर्णय

हालाँकि उन्होंने अपने बेटों से कहा कि वे अपने पिता के पास जायें और सूर्यनगरी की सेवा करें।

सीता ने उसके बाद अपने पाँव के नीचे की धरती का आह्वान किया, वह ऐसे फट गयी जैसे कोई माँ अपनी बेटी के स्वागत के लिए अपनी बाँहें फैला देती है। सीता धरती के आगोश में समा गयी।

राम ने उनको पकड़ने और बाहर निकालने की कोशिश की

एक राजा के रूप में मैंने नियमों का पालन किया। और अपने राज्य को सुखी बनाया।
एक पति के रूप में मैं अपनी पत्नी के प्रति वफ़ादार था। लेकिन मैं उसको खुश नहीं रख पाया।
क्या आपने ध्यान दिया? राम *रामायण* में तीन बार रोते हैं। पहली बार, जब उनको पता चलता है कि सीता का अपहरण हो गया है। दूसरी बार तब जब वे लक्ष्मण से कहते हैं कि वे सीता को जंगल में छोड़ कर आयें। तीसरी बार तब जब सीता धरती में समा जाती हैं। हर बार उनके रोने का कारण सीता से वियोग ही है।

लेकिन वह निकाल नहीं पाये। सीता जा चुकी थीं।

राम ने अपने बेटों लव और कुश की तरफ़ देखा, और बोले, ''क्या तुम लोग राज्य को उस तरह से साझा कर पाओगे और अच्छी तरह से चला पाओगे जिस तरह से भरत और मैंने किया? या तुम लोग सुग्रीव और वालि की तरह या रावण और कुबेर की तरह लड़ोगे?''

बच्चों ने हामी भरी, ''हम लोग राज्य को साझा करेंगे।''

यह सुनकर राम बहुत खुश हुए। सीता ने बच्चों की अच्छी परवरिश की थी।

राम ने यह फ़ैसला किया कि धरती पर उनका जीवन पूरा हो चुका था। सीता के बिना वह नहीं रह सकते थे। उनका स्वर्ग जाने का समय आ गया था। इस तरह वह सरयू नदी में चले गये और फिर कभी नहीं लौटे।

500 साल पहले रघुनाथ महंता ने असमिया भाषा में रामायण लिखी जिसमें सीता को अपने बच्चों की याद आती है इसलिए वह साँपों के राजा वासुकि से कहती है कि वह जायें और उन बच्चों को पाताल लेकर आयें। राम हनुमान से कहते हैं कि वे हमला करें और उन बच्चों को वापस लेकर आयें। काफ़ी संघर्ष के बाद शान्ति स्थापित होती है। सीता यह वादा करती है कि वह कभी-कभार धरती पर आती रहेंगी, लेकिन गुप्त रूप से, सिर्फ़ अपने परिवार के लिए।

सीता, सीता...हमेशा मेरे दिल में।

नदियों का पानी धरती के साथ मिलता है; बीज अंकुरित होते हैं। फूल खिलते हैं, फल पकते हैं। लव और कुश ने फल खाए और आनन्दित हुए।

आपके अन्दर की सीता

जंगल में न तो किसी तरह का नियम होता है न ही किसी तरह का विकल्प। प्रत्येक पशु अपनी सहज वृत्ति के अनुसार रहता है। जो शक्तिशाली होता है वह जीवित रहने के लिए अपनी शक्ति का प्रयोग करता है और कमज़ोर अपनी बुद्धि का। इसके अलावा पशुओं के पास और कोई विकल्प नहीं।

लेकिन मनुष्य अपने निर्णय का चयन कर सकते हैं। वे एक-दूसरे की मदद भी कर सकते हैं। इस तरह मानव समाज विकल्पों और नियमों पर टिका होता है। हम दूसरों की मदद करने या मदद न करने के लिए स्वतन्त्र होते हैं। नियम इसलिए बनाए जाते हैं ताकि लोगों को बाध्य किया जा सके कि वे दूसरों की मदद करें। जब नियम मनुष्यों की मदद नहीं करते हैं तो हमारे पास यह विकल्प होता है कि हम उनको चुनौती दे सकें और बदल सकें।

रावण नियमों की परवाह नहीं करता। वह वही करता है जिससे उसको खुशी प्राप्त होती है—शान्ति बनाए रखने की जगह युद्ध करना, चाहे ऐसा करने से अपने परिवारवालों की मौत भी हो जाये और राज-पाट भी नष्ट क्यों न हो जाये।

राम नियमों के प्रति पूरी तरह समर्पित हैं। वह नियमों का पालन करते हैं चाहे इससे उन्हें दुख ही क्यों न प्राप्त हो। लेकिन इसी कारण राम विश्वसनीय बन जाते हैं। एक पति के रूप में वह सीता के प्रति वफ़ादार रहते हैं और दूसरा विवाह नहीं करते, जबकि नियमानुसार वह ऐसा करने के लिए स्वतन्त्र थे।

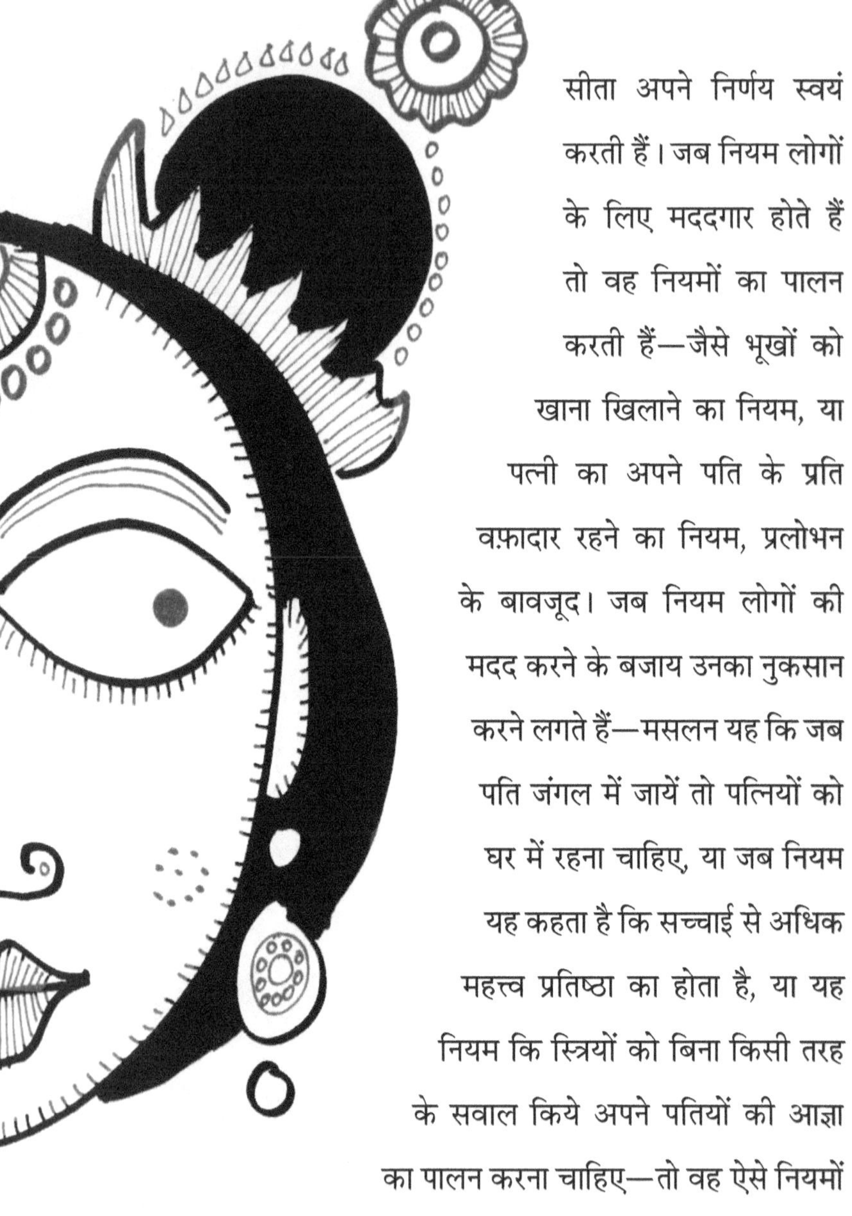

सीता अपने निर्णय स्वयं करती हैं। जब नियम लोगों के लिए मददगार होते हैं तो वह नियमों का पालन करती हैं—जैसे भूखों को खाना खिलाने का नियम, या पत्नी का अपने पति के प्रति वफ़ादार रहने का नियम, प्रलोभन के बावजूद। जब नियम लोगों की मदद करने के बजाय उनका नुकसान करने लगते हैं—मसलन यह कि जब पति जंगल में जायें तो पत्नियों को घर में रहना चाहिए, या जब नियम यह कहता है कि सच्चाई से अधिक महत्त्व प्रतिष्ठा का होता है, या यह नियम कि स्त्रियों को बिना किसी तरह के सवाल किये अपने पतियों की आज्ञा का पालन करना चाहिए—तो वह ऐसे नियमों को तोड़ भी देती है।

प्रत्येक चयन या निर्णय का परिणाम होता है। सीता लक्ष्मण-रेखा पार करने का निर्णय लेती हैं ताकि वह एक भूखे साधु को खाना खिला सकें, तो उनका अपहरण हो जाता है। क्या उनको नियमों का पालन करते हुए लक्ष्मण-रेखा के अन्दर ही रहना चाहिए था? इस प्रकार *रामायण* यह दर्शाती है कि निर्णय लेना आसान नहीं, ठीक उसी तरह जैसे नियमों का पालन करना बहुत मुश्किल है।

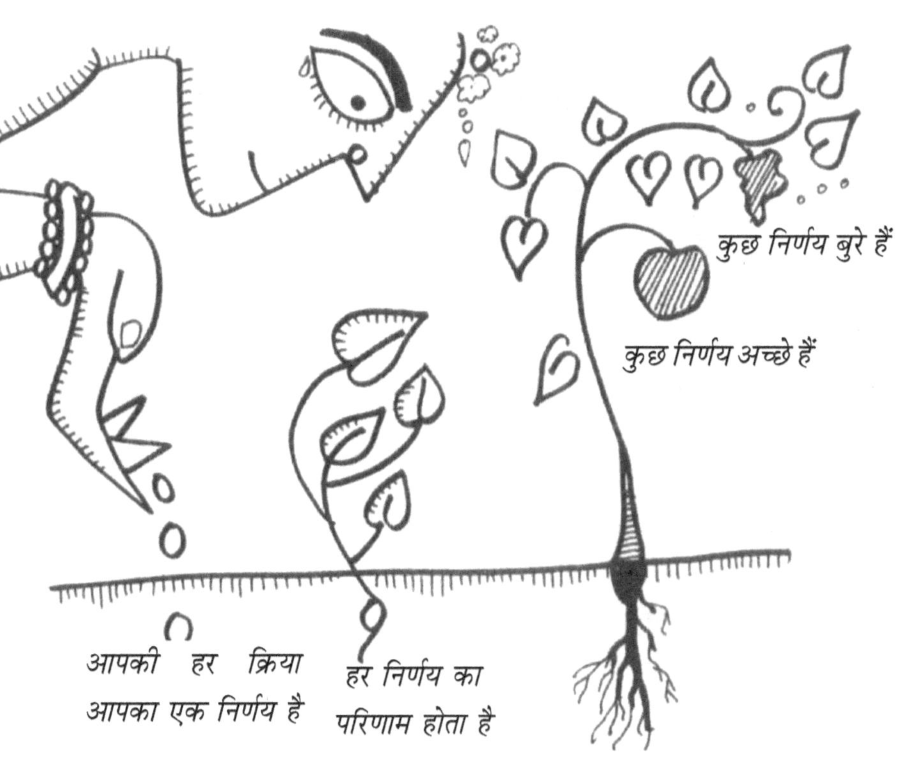

रावण, राम और सीता तीनों आपके अन्दर ही विद्यमान हैं। आप यह भी पायेंगे कि रावण, राम और सीता आपके आस-पास ही हैं। चयन कीजिए कि आप तीनों में से किसकी तरह बनना चाहते हैं। और दूसरों की भी मदद कीजिए, क्योंकि केवल मनुष्य ही यह कर सकता है।

□□□

राजपाल एण्ड सन्ज़ की स्थापना एक शताब्दी पूर्व 1912 में लाहौर में हुई थी। आरम्भिक दिनों में अधिकतर धार्मिक, सामाजिक और देश-प्रेम की पुस्तकें प्रकाशित होती थीं और हिन्दी के अतिरिक्त अंग्रेज़ी, उर्दू व पंजाबी भाषा में भी पुस्तकें प्रकाशित की जाती थीं।

1947 में भारत-विभाजन के बाद राजपाल एण्ड सन्ज़ को नए सिरे से दिल्ली में स्थापित किया गया और साहित्यिक पुस्तकों के प्रकाशन का आरम्भ हुआ। रामधारी सिंह दिनकर, महादेवी वर्मा, बच्चन, अज्ञेय, शिवानी, आचार्य चतुरसेन, विष्णु प्रभाकर, राजेन्द्र यादव, मोहन राकेश, रांगेय राघव, कमलेश्वर और अन्य साहित्यिक लेखकों की कृतियाँ यहाँ से प्रकाशित होने लगीं। राजपाल एण्ड सन्ज़ से प्रकाशित *मधुशाला, कुरुक्षेत्र, मानस का हंस, आवारा मसीहा, कितने पाकिस्तान, आषाढ़ का एक दिन* जैसी पुस्तकें हिन्दी साहित्य की 'क्लासिक पुस्तकें' मानी जाती हैं और आज भी लोकप्रियता के शिखर पर हैं। भारत के राष्ट्रपतियों और प्रधानमंत्रियों की पुस्तकें प्रकाशित करने का गौरव भी राजपाल एण्ड सन्ज़ को प्राप्त है। नोबेल पुरस्कार से सम्मानित अर्थशास्त्री डॉ. अमर्त्य सेन की सभी पुस्तकों के हिन्दी अनुवाद यहाँ से प्रकाशित हैं। अन्तरराष्ट्रीय चर्चित पुस्तकों के अनुवाद, विश्वविख्यात कोशकार डॉ. हरदेव बाहरी द्वारा सम्पादित 'राजपाल' शब्दकोशों की शृंखला और किशोरों के लिए सैकड़ों पुस्तकें राजपाल एण्ड सन्ज़ से प्रकाशित हुई हैं।

पाठकों के स्वस्थ और सुरुचिपूर्ण मनोरंजन और ज्ञानवर्धन के लिए समर्पित राजपाल एण्ड सन्ज़ से हिन्दी और अंग्रेज़ी में पुस्तकें प्रकाशित होती हैं जो देश के सभी बड़े पुस्तक-विक्रेताओं और विश्व भर के ऑनलाइन विक्रेताओं के यहाँ उपलब्ध हैं।

राजपाल एण्ड सन्ज़

1590 मदरसा रोड, कश्मीरी गेट, दिल्ली-6, फोन: 011-23869812, 23865483
email: sales@rajpalpublishing.com, facebook: facebook.com/rajpalandsons
website: www.rajpalpublishing.com

चर्चित लेखक देवदत्त पट्टनायक की बहुचर्चित पुस्तक
'7 Secrets Of Shiva' का हिन्दी अनुवाद

शिव के सात रहस्य
देवदत्त पट्टनायक

हिन्दुओं के अनगिनत देवी-देवताओं में से शिव सबसे अधिक लोकप्रिय हैं। महादेव के नाम से भी जाने जानेवाले शिव, विष्णु और ब्रह्मा के साथ हिन्दू देवताओं के त्रिमूर्ति माने जाते हैं। शिव के अनेक रूप हैं : कहीं तो वह कैलाश पर्वत की बर्फ़ीली चोटी पर बैठे अपने पर नियंत्रण रखनेवाले एक ब्रह्मचारी योगी हैं जो दुनिया का विनाश करने की क्षमता रखते हैं तो दूसरी ओर अपनी पत्नी और पुत्रों के साथ गृहस्थ आश्रम का आनन्द भोगते हुए गृहस्थी हैं। इनमें से कौन-सा है शिव का वास्तविक रूप? माथे पर तीसरी आँख, गर्दन में सर्प, शीश पर अर्द्धचन्द्र, केशों से बहती गंगा और हाथों में त्रिशूल और डमरू—इन सब प्रतीकों का क्या अर्थ है? शिव के अनेक रूप और प्रतीकों के पीछे छिपे हैं हमारे पौराणिक अतीत के अनेक रहस्य जिनमें से सात को समझने का प्रयास इस पुस्तक में किया गया है।

ISBN: 978-93-5064-239-9
पृष्ठ: 232

प्रमुख स्थानीय व ऑनलाइन पुस्तक विक्रेताओं के यहाँ उपलब्ध या
इस वेबसाइट से मँगवाएँ
www.rajpalpublishing.com

लेखक देवदत्त पट्टनायक की अन्य चर्चित पुस्तकें

देवी के सात रहस्य

हिन्दुत्व में स्त्री को देवी के समान माना गया है। देश के विभिन्न हिस्सों में देवी के अलग-अलग रूप पूजे जाते हैं। कहीं वह प्रकृति के रूप में माता है, कहीं पर मानवता की स्रष्टा है, कहीं पर ज्ञान की देवी सरस्वती है तो कहीं पर सम्पदा की देवी लक्ष्मी है। इन अलग-अलग रूप के क्या महत्त्व हैं और उस देवी से जुड़े प्रतीक और कर्मकांडों का क्या मतलब है, इन्हीं सब बातों को समझने का प्रयास इस पुस्तक में किया गया है।

ISBN: 978-93-5064-301-3

पृष्ठ: 264

भारतीय पौराणिक कथाएँ

एक रहस्यमय और अनोखी दुनिया से रू-ब-रू कराती है यह पुस्तक और पौराणिक कथाओं की समृद्ध परम्परा की एक झांकी दिखाती है। भारतीय पौराणिक कथाएँ प्राचीन पुराकथाओं के पात्रों की बुनावट को रेशा-दर-रेशा खोलती हैं और यह प्रदर्शित करती हैं कि कैसे इन कथाओं में वर्णित रीति-रिवाज़, कर्मकांड और कला अब भी जीवन्त बनी हुई है और आज की पीढ़ी को भी अपनी ओर आकर्षित करती है।

ISBN: 978-93-5064-255-9

पृष्ठ: 208

प्रमुख स्थानीय व ऑनलाइन पुस्तक विक्रेताओं के यहाँ उपलब्ध या
इस वेबसाइट से मँगवाएँ
www.rajpalpublishing.com

www.ingramcontent.com/pod-product-compliance
Lightning Source LLC
LaVergne TN
LVHW042200190726

843493LV00006B/1754